VALÓRATE

¿Tanto tienes, tanto vales?

Copyright © EDIMAT LIBROS, S. A.
C/ Primavera, 35
Polígono Industrial El Malvar
28500 Arganda del Rey
MADRID-ESPAÑA

ISBN: 84-9764-339-9
Depósito legal: CO-00162-2003

Colección: Superación personal
Título: Valórate
Autor: Mariano González Ramírez
Diseño de cubierta: Visión Gráfica
Impreso en: Graficromo S. A.

IMPRESO EN ESPAÑA – *PRINTED IN SPAIN*

VALÓRATE

¿Tanto tienes, tanto vales?

MARIANO GONZÁLEZ RAMÍREZ

INTRODUCCIÓN

«José se fue a América pobre y al volver rico le llamaron don José, y sacando su cartera dijo:

—¡Contesta que a ti te llaman!»

Este libro podría haberlo escrito con sentido del humor, para reírme un poco de lo grotesco de la realidad humana. Pero he preferido ser serio y riguroso, incluso escribo bastante afectado, por la orientación de los acontecimientos de la enmarañada «civilización».

Hay algo en los seres humanos que nos asusta; nos da terror encontrarnos con la realidad de nosotros mismos: la nada. ¿Cuántas veces hemos pensado que no somos nada? ¿Cuántas veces hemos llegado a la conclusión de que la muerte es el final de todo? La realidad es que venimos al mundo involuntariamente y morimos en contra de nuestra voluntad, y a lo largo de nuestra vida nos abarrotamos de preguntas, imaginación, preocupaciones, intereses, maldades... que nos impiden percibir la profundidad de nuestro auténtico SER.

7

—¿Pero existe el SER? —me preguntarían los más escépticos, mercantilistas y materialistas de los humanos.

Ante nuestra profunda incertidumbre interior optamos por la realidad que se puede tocar y TENER, todo lo demás parece ser que es como hablar del «sexo de los ángeles».

Pero es indudable que la realidad material es transformada por nuestra capacidad cerebral. La mente humana tiene capacidades desconocidas, profundidades inconscientes que dirigen nuestra vida. ¿Qué somos en realidad? Nadie lo sabe, y poca gente se preocupa por descubrir y construir el SER; lo que importa es el cuerpo, cubrir y aumentar sus necesidades, lo demás pertenece al mundo imaginario. Pero todos sabemos cuándo rompe el trueno de la ira en nuestro interior o nos emocionamos por el amor que sentimos; cuándo el odio nos inunda sin poderlo evitar o la envidia nos corroe las entrañas. ¿Dónde nacen todas las emociones? ¿Qué es la emoción?

—¡Es una manifestación de la bioquímica! —podrían manifestar las mentes alienadas de hoy en día.

—¿Y la mentira, la mala voluntad...?

—Es pura química. Puta mala leche. Costumbre de la cultura engañosa de los pueblos del mundo para sobrevivir.

La mentira inunda el mundo actual, todo es un entramado de puro materialismo bioquímico, socioeconómico, de tejido egoísta y cínico. ¿Es posible asimilar esta realidad? Es posible. Es la verdad que el ser humano vive en profundidad. Duda de todas las verdades y cree en la mentira porque ha hecho de ella su medio de vida. Así se convierte en un deslucido mediocre, incapaz de entender el porqué y la verdad de las cosas. Hombres y mujeres asombrosamente «LIGHT».

Dudemos, por favor, dudemos de la falsa realidad que se ha creado. ¿Es verdad que todo se cataloga a través del dinero y las pertenencias que uno tenga? ¿A las personas nos dan importancia solamente cuando ganamos dinero y nuestras cuentas bancarias están llenas a rebosar? ¿Es cierto que la sociedad en su totalidad se construye a base de dinero? ¿La mentalidad económica surgió con el origen de la vida hace millones de años? ¿La mentalidad de tener y acumular surgió de la necesidad de seguridad de la propia e insegura supervivencia? ¿Los seres humanos del siglo XX son conscientes del proceso evolutivo del *Homo Sapiens* al *Homo Economicus*? ¿Somos, o sólo queda de nosotros el recuerdo de lo que fuimos? ¿El SER dejará de existir y será sustituido por la complejidad y la necesidad de TENER? ¿Hacia dónde nos conduce el atrevimiento mental más disparatado y artificial? Dudemos, por favor; dudemos de la aparente realidad.

Se puede ser albañil, ser ingeniero, ser carpintero, pintor, periodista, asesino, ladrón, mentiroso... El HUMANO puede asumir tantos papeles como tendencias biológicas e información aprendida tenga. Sería interminable. También tiene un cerebro, dos riñones, dos piernas, dos brazos, un aparato genital, un corazón, dos ojos, tiene memoria, inteligencia, neuronas, dinero, propiedades... El HUMANO puede TENER tantas cosas que sería difícil enumerar su abarrotada existencia. Ademas el SER, inequívocamente, se filtra con el TENER en innumerables ocasiones: TENER autoridad, con SER una autoridad; TENER conocimiento, con «conocer»; TENER fe, con estar en la fe; TENER amor. En realidad sólo existe el acto de AMAR.

TANTO TIENES, TANTO VALES, ¿es una frase hecha, vulgar y estúpida? ¿Una mentira? ¿O es una realidad tangible?

Cualquier estúpido se da cuenta a simple vista. No hay que hacer muchas elucubraciones para ver la evidencia de las cosas. La mayoría de los seres humanos se tasan por lo que tienen. La valoración del mundo tiene un precio estipulado y nosotros adquirimos valor, en función de lo que poseemos. Si no hemos sido capaces de adquirir bienes materiales, ya podemos ser grandes genios, sabios, santos...; el mundo presente no sabe verlo, ni valorarlo. Sólo se percibe la apariencia: la mansión, las cuentas bancarias..., lo que se tiene. La única apreciación es la económica. Alguna vez he oído decir que hay gente que «está fuera del bien y del mal», lo que se traduce a ser libre económicamente para gozar de tranquilidad y vivir la vida plenamente, sin depender de nadie. ¿Quién no desea olvidarse de la precariedad y pasar a la dimensión de TENER dinero? ¿Quién no desea liberarse de la complejidad empresarial, no tener que soportar a nadie? Esta frase que menciono a continuación, me hizo gracia:

«—Estoy harto de la mierda del dinero, pero él me salva de aguantar a la mierda de la gente.»

Todo se mira a través del mismo cristal, porque este mundo ha sido proyectado y destruido por cerebros

inhumanos, sin ninguna consideración hacia sus semejantes. Los hombres y mujeres que entienden la vida de
otra forma, desde el SER, son capaces de estar por
encima del límite de la mediocridad, pero... ¿qué
humano entiende que su SER es lo más importante?
Muy pocos, porque la alucinación y la ceguera de la
realidad impuesta hacen olvidar a menudo el límite de
la vida. La propia muerte.

El ser humano a estas alturas se ha erigido como un
dios que crea y siembra la necesidad en la mayoría de
los habitantes del mundo. Su creación es evidente-
mente peligrosa e inhumana y sobrepasa los límites de
la propia naturaleza. Su creación es locura y mentira
aplicada y sostenida. Su creación es una peligrosa
concepción mental llevada a la práctica material, que
desde su egoísmo actúa influyendo de una forma
nefasta en todo. Es seria y delicada esta cuestión,
tenemos que darnos cuenta, pero los cerebros media-
nos, e incluso los de C. I. alto no saben o no quieren
profundizar en la verdadera realidad. Ven ciertamente
lógico y normal este planteamiento, un invento artificial que distorsiona la naturaleza esencial de las cosas.
Una verdad que es mentira. ¿No será el TENER una
valoración de nuestra terrible vanidad PARA SER
importantes, más allá de las necesidades de la propia
supervivencia? En la mayoría de los casos es cierto, se
tiene porque el ser humano gusta de SER UN PODE-
ROSO IDIOTA.

Fijaros: TENER PARA SER, aquí quería llegar,
para demostraros cómo se establece esa conexión.
¿Una vaca, un cerdo, un águila... necesitan tener para
ser? Ellos no necesitan de esa valoración porque son

esencialmente verdaderos. SER PÁJARO, SER VACA, SER SERPIENTE, SER PEZ... son profundas realidades naturales que se desarrollan en libertad total, sin ningún tipo de condicionamiento ni valoración. Cada ser vivo asume su existencia sin comparaciones. El microbio, el piojo, la garrapata, el ciempiés, la mariposa, el pájaro, el cocodrilo, el oso, el elefante, el chimpancé, el gorila... no son conscientes, ni hacen valoraciones, ni acumulan como el hombre. Sin embargo, los humanos se salen de las leyes naturales y construyen con su mente EL VACÍO EXISTENCIAL. Vanidad de vanidades y destruyen al SER HUMANO para SER PODEROSOS IDIOTAS. Aquí tenemos la degeneración de la GRAN MENTIRA y la COMPLEJIDAD DE LA EXISTENCIA HUMANA con todos sus traumas. TENER es igual a PODER, pero nada tiene que ver con las necesidades de la propia existencia.

SER HUMANO consiste en conseguir desarrollar la plenitud de todas las potencialidades nobles, con un objetivo muy claro: llegar a la INTEGRIDAD HUMANA con todas sus consecuencias, y servir a la evolución como objetivo de mayor alcance, adquiriendo así el auténtico sentido de la vida. Todo lo demás no merece la pena; cuando se ha logrado traspasar la mentira ordinaria e inútil del artificio humano, somos poseedores del mayor tesoro y la gran verdad de nuestra existencia.

El mundo está en manos de cuatro poderosos zopencos, y todos bailamos al son de su música financiera e inhumana. Esto no puede durar mucho tiempo, porque se manifiesta en contra de la evolución armónica de millones de años de existencia. Si seguimos así, pronto seremos pura anécdota, en el pasar del tiempo.

Y yo me pregunto: ¿Cómo es posible que esté escribiendo este libro, si soy el más convencido de todos de que TENER es lo más importante de nuestra vida?

Tener dinero me equilibra, me da alegría, primero por cubrir las necesidades primarias. Poder comer todos los días y tener un techo donde dormir es una gran suerte. Después, porque se pueden materializar nuestros deseos, nuestras ilusiones, nuestros proyectos... Pero, ¿sabéis por qué me he atrevido a escribir, en realidad, este libro? Por muchas razones. Yo sufrí desde niño la necesidad económica en mis propias carnes. Mis padres se desesperaban por conseguir el pan y la educación para sus cuatro hijos. Ellos no tenían nada. Cada peseta de las de entonces la ganaban con el sudor de sus frentes, con mucho esfuerzo. La necesidad les hacía apreciar los mínimos. Desde muy pequeño fui consciente de lo importante que es tener dinero y del esfuerzo que hay que hacer para conseguirlo. Con el paso del tiempo me di cuenta de la depravación del ser humano en su permanente negación a evolucionar de verdad, cuando poseía riquezas. Esa estúpida frivolidad que envuelve al rico no me gustaba nada. Mis padres en cambio no poseían nada, eran auténticos SERES HUMANOS POBRES Y BUENOS. ¿Es ésta una razón de peso para sentirme capaz de escribir sobre este tema? Pero no creáis que pienso que soy poseedor de la razón y la verdad total. No. ¡Dios me libre! Este libro es parcial y no está terminado. Ignoro mucho, pero soy consciente ahora y desde mi niñez de la injusticia, la falta de valores y, lo peor de todo, he visto día a día resurgir el engaño y la mentira de vivir, por y para ganar. Exclusivamente, ganar dinero: ésa es la tónica general. ¡Qué horroroso es nacer y ver cómo nuestro cerebro es educado y transformado en la competencia y en moneda de cambio!

Desperté del sueño de la gran mentira educativa, falsa y terriblemente enraizada en una mezcla de filosofías dañinas e inútiles para el SER. Hemos sido educados y engañados por nuestros antepasados elitistas mercantiles, listillos, pardillos, ignorantes, hedonistas, egoístas..., que nos precipitaron al abismo de una sociedad de un malestar real, permanente, claro y contundente. En su ignorancia crearon filosofías apartadas de las leyes del equilibrio e infectaron los cerebros y las mentes con inexperiencia aberrante, al margen del equilibrio natural de millones de años. Eran como niños traviesos que jugaban con los pensamientos y experimentaban con fuego sin saber que podrían quemar las entrañas del futuro. Sembraron en las mentes semillas destructivas, hedonistas, egoístas, dañinas, que sirvieron para confundir, más que aclarar la realidad profunda del SER HUMANO. Escribieron libros y en nuestros genes se reproduce el caos que inevitablemente impregna nuestras mentes de incertidumbre e incredulidad, hacia otra existencia más evolucionada, que obedezca a las leyes de equilibrio universal.

Las mentes juguetonas y caprichosas de nuestros antepasados no calcularon bien el efecto que iban a producir en el futuro y ahora, en el presente, ¿qué tenemos? ¿Qué peligros nos acechan? ¿Qué barbarie se cierne en cada espacio vital de nuestro presente incierto? ¿Quiénes son los que realmente se sienten mal?

Todos: los que juegan a ganar y los que estamos fuera de ese juego, pero lo más cruel es que los jugadores que TIENEN (aparentemente felices) son la mayoría de las veces verdugos, psicópatas aprovechadores, explotadores insensibles, carniceros... de la mayoría necesitada. Un claro ejemplo de ambición desenfrenada del hombre por poseer el confort burgués. Riquezas y comodidades para todos es el ideal. Felicidad sin límites, ¿para quién? Hoy día estamos viendo que los ricos son más ricos y los pobres más pobres todavía. ¿Qué extraña ley desintegradora actúa como causa para precipitarnos a un abismo que intuimos cercano? La ambición, el egoísmo, el ansia de poder... hacen insensible al hombre hasta el extremo. Lo destruye todo para su propio beneficio. ¿Qué tipo de locura irracional se ha apoderado del hombre que lo convierte en enemigo, como «un maldito extraterrestre» que quiere destruir un planeta que no siente como suyo? Es triste contemplar cómo los gobiernos, los empresarios, los medios de comunicación nos manipulan hasta el máximo para conseguir sus objetivos de ganar más, de tener más, y nos han sumido a todos en el más cruel desencanto. ¿No hay ningún líder, ningún grupo, que apueste desinteresadamente por el bien común y la supervivencia evolutiva del ser humano? ¿Qué tipo de progreso ha sido éste que puede terminar con la civilización y con toda la vida del planeta? ¿Tener para qué? ¿Egoísmo para qué? ¿El ser humano como superhombre-supermujer egoísta, para qué? «TANTO TIENES, TANTO VALES». ¿Seguro? ¿Hasta cuándo? ¡MENTIRAS!

El Autor

CAPÍTULO I

EVIDENCIAS DE FINALES DE MILENIO

El pasado lunes, me acerqué a Madrid. Mi principal motivo era cobrar el cheque de mi anterior libro «Control Mental». La verdad es que me gustaría ganar más para cubrir mi calamitosa necesidad económica. Lo estoy pasando realmente mal. Por este motivo en la introducción te digo que no soy el más indicado para escribir este libro, porque, la verdad, tengo verdaderas ansias de ganar dinero para pagar las malditas deudas que me están quemando vivo y estabilizar este momento crucial de mi vida, llena de agobios económicos. Y no sólo eso: para ayudar a toda mi familia y a mucha gente que está pasando verdaderas calamidades económicas. Pero, ¿aunque ganara todo el oro del mundo podría resolver los problemas de la humanidad? No. Rotundamente no. Los problemas de la humanidad residen en su interior, es su ignorancia, la terrible ceguera que no sabe diferenciar las leyes del equilibrio de las leyes del caos y la destrucción. No saben que existen dos partes definidas como el equilibrio evolutivo y el caos en regresión.

El descubrimiento de las virtudes y los valores no es un hecho fortuito, es una consecuencia de su propio proceso, al unísono con la evolución del universo entero. Las leyes de los valores humanos protegen y construyen un orden necesario para el crecimiento y desarrollo interior y una clara influencia de equilibrio evolutivo. Nos guste o no, todo lo que está pasando en el mundo es consecuencia de las decisiones del pasado, resoluciones que adquirieron en nuestro presente la manifestación del nivel de evolución alcanzado. Por desgracia, los matices de nuestra evolución dan un claro sentido, siniestro, tenebroso y degenerativo, a las tendencias mundiales. El gran proyecto del SER HUMANO se aplaza continuamente. Los sutiles pensamientos del inseguro, confuso y malévolo inconsciente de los poderosos son decisiones materializadas en el presente con efectos devastadores para el futuro.

> Los valores humanos sólo los entienden aquellos que los viven como respiran el oxígeno. Desde el odio no se entiende el amor. Desde la locura de vivir no se entiende la paz, el silencio, la cordura...

La semilla de un nogal contiene en su interior información profunda que le hace brotar y alcanzar un amplio despliegue armónico, si las condiciones del medio se lo permiten. Este gran proyecto de árbol está sometido a las leyes de la propia naturaleza perfecta, pero no escapa a la adversidad. Las grandes aberraciones, los desórdenes físicos y mentales, la imperfección... no son culpa del equilibrio perfecto.

Si llega a malograrse, es debido a la intromisión de causas ajenas o unas condiciones inadecuadas que alteran e interfieren la tendencia creativa del orden perfecto. ¿Alguien puede dudar de la evidencia del equilibrio en todo lo que existe? No. Cualquier mente despierta percibe el orden y el equilibrio universal en continua evolución.

Jesús dijo: *«Quien no está conmigo, está contra mí.»* Lo que quiere decir: *«o se está con las leyes del equilibrio y la evolución armónica, o en el desastre, el caos, la ceguera y la regresión»*, y estos defectos no se corrigen con dinero, ni con tener más de la cuenta. Los seres humanos como el nogal venimos a este mundo desde la inconsciencia total, y nacemos sin que intervenga nuestra voluntad para ser la evolución misma. La maldad es radical, la verdad también tiene que serlo, no admite medias tintas. En la verdad crecemos, con la maldad nos extinguimos.

A pesar de la profunda inconsciencia, el mundo está aprendiendo a caminar por senderos de evolución. El gran vacío y la enfermedad mental del mundo están poniendo en sobreaviso a las fuerzas evolutivas que todos llevamos dentro y surgen corrientes de influencia para la paz y el progreso.

Somos seres desvalidos frente a la naturaleza y la sociedad y estamos expuestos a la invasión, o la agresión, del mundo exterior sin que podamos reaccionar. Si caemos en manos que entienden y viven los valores de la vida (el amor), nuestro cuerpo, nuestra mente, nuestro espíritu... evolucionarán hasta conseguir ser el gran proyecto escrito en el misterio de las profundidades de la vida. El hombre, la mujer, el nogal, mi perro, una hormiga, una flor... son la profunda creación perfecta. Pero por desgracia no todo el mundo sabe apreciar y darle la importancia que tienen. Hay poca gente que se sorprenda con la diversidad impresionante de la vida. Incontables formas y colores surgen como una explosión a cada momento. Nacen los niños, y bueno..., ¡cómo nacen tantos, pues para qué sorprenderse con algo tan normal! Si no nos sorprendemos por la creación de un niño, menos nos llamará la atención un perro, un árbol, una hormiga, una flor... La capacidad para sorprenderse la poseen los cerebros de enorme sensibilidad. Y ¿el dinero y el tener aumentan esa capacidad? Más bien nos embrutecen y nos inclinan a ser opacos y destructivos.

> El dinero, como el agua, cubre la necesidad. Son importantes.
> Las carencias y la abundancia son dos extremos que debemos entender como negativos para la existencia. No se puede vivir sin nada y es un horror contemplar el despilfarro y la arrogancia de los ricos.

«Eso de las flores, los niños, los pájaros, los peces... es cosa de poetas. Es femenino. Son cosas de la sensibilidad y la debilidad. A mí lo que me interesa son las pelas, con ellas sí que me emociono. Cuando mi cuenta está en positivo, veo la vida de color rosa, y todo es precioso.» Esta opinión la he oído a multitud de viriles machos y espantosas hembras imitadoras masculinas. Es realmente triste comprobar cómo se nos pasa la vida, sin ver ni entender nada, preocupados siempre por la maldita necesidad del dinero.

Yo me alegro de mi cuenta en positivo, lo contrario sería muy negativo para mi estado de ánimo. Cuando los gastos de todo tipo me agobian y no tengo dinero para pagar, no lo aguanto. No soy de los que desean ganar y tener por tener; he reflexionado bien: lo único que me interesa es pagar las malditas deudas. Que no me falte el dinero justo para vivir, para no molestar a nadie. No puedo quejarme. Mirando a mi alrededor veo necesidades y miserias que claman al cielo y me daña ver y no entender el porqué de los sucesos y de las cosas. ¿Por qué estoy yo aquí y ellos ahí, pobres, pasando calamidades y miserias?

Una luz

Eran las once de la mañana cuando llegué a la calle Eloy Gonzalo, donde se encuentra una sucursal del banco emisor del cheque. Llovía bastante y mi estado de ánimo era muy bueno. Me sentía profundamente bien. Iba a cobrar un dinero que necesitaba con urgencia para cubrir el mes de febrero. Tener dinero equilibra, no me

La luz para los seres humanos es todo aquello que nos libera de la tristeza de vivir en una constante pesadilla. El mundo lo hacemos día a día los seres humanos y somos nosotros los que hacemos la luz y la oscuridad, con nuestros comportamientos. Es importante saber que las semillas de ira, odio o amor desarrollan actividad y hacen nuestro destino.

importa reconocer que soy una especie de híbrido, mitad idealista, mitad materialista, un asco, pero así somos los que sobrevivimos a esta especie de pesadilla inhumana y decadente. Ganar dinero es para todos una razón necesaria, para no volverse loco con tantos gastos y tantas leches.

Entré en la sucursal después de pasar por un espacio de seguridad donde te miran con rayos penetrantes para comprobar que no eres un presunto ladrón. Se abre una puerta y se cierra otra y permaneces en una especie de jaula el tiempo necesario para no sentir claustrofobia. Por fin salgo para entrar definitivamente en la supervigilada oficina. Había cola. Di los buenos días y nadie me contestó. Normal, qué se puede esperar hoy día de la gente, todos estamos muy ocupados con tantísimas preocupaciones, los demás nos traen al fresco. No me sorprendí ni me afectó la «mala educación.» Miré cuántas personas había delante. Ocho, para dos ventanillas. «Bueno esto no es nada», pensé, y al mirar hacia el fondo a la izquierda mi atención se clavó en la mirada de una chica de unos veinticinco años, morena y muy guapa.

En nuestra vida tenemos que saber que hay seres humanos que nos guían. Los seres luminosos se muestran con gestos amables. Saber percibirlos es una capacidad que tenemos que desarrollar, para no perdernos de nuevo en el escepticismo.

Me miraba y sonreía. Al principio me causó reacción. Un poco de rubor, pero lo superé de inmediato. Me surgieron preguntas: ¿Por qué me mira y se ríe de esa forma? ¿Habré hecho alguna cosa extraña sin darme cuenta? Pero pude comprobar que su mirada y su sonrisa eran de verdad, no eran dañinas ni superficiales. Me miraba, sonreía, no vi en ella ningún rastro de ironía.

No me juzgaba ni criticaba, solamente me observaba. En ningún momento me sentí observado, de esta forma resultó más interesante ir más allá de mi pensamiento subjetivo producto de la imaginación. Yo también la observaba a ella. Sentí que tanto ella como yo coincidíamos en la misma capacidad de observación objetiva. Aquella cara era hermosa y bondadosa. Si yo hubiera sido un chico joven y atractivo, habría entendido aquel sonriente rostro como un motivo de atracción erótica, pero con cuarenta y cinco años, gordito y medio calvo, era imposible que tuviera algún atractivo físico para ella.

> En la vida por nuestra ceguera no hemos sabido reconocer a esos seres que se han puesto en nuestro camino para compartirlo. Pedimos que nos ayuden y no sabemos apreciar ni valorar el amor que brota de sus corazones.

Seguía mirándome y sonreía. Y no tuve más remedio que devolverle mi sonrisa y mi agradecimiento. Yo también la miraba con agrado. Pensaba que quizás mi actitud positiva, en un día tan gris, se reflejaba en mi rostro y era la causa de aquella agradable reacción. Sé diferenciar una mirada y una sonrisa superficial de las que no lo son. Aquella mirada era profunda y su sonrisa sincera. ¿Qué tipo de magnetismo me había atrapado durante unos minutos? ¡Cómo me agradaba! Yo soy de esos buscadores de sentido, y creo que he encontrado el camino de mi Historia Personal. Mi vida tiene sentido desde el valor más grande, que es el AMOR. En estos momentos soy capaz de distinguir el interior de las personas por sus gestos y sonidos. Estoy empezando a entender el lenguaje universal de las emociones. Sé identificar la autenticidad de la farsa al instante y, como vulgarmente se dice, «nadie me la puede pegar». Sé cuáles son mis compañeros de viaje, los de mi misma condición, e identifico al instante a los farsantes.

Hay gente que no entiende ni sabe comprender los momentos claves de su existencia. Su atención está distraída y cuando despiertan sufren el colapso de ver en crisis total su propia vida. Estos seres pagan caro sus errores de percepción e ignorancia.

Aquella chica era de los míos, de la nueva conciencia de vivir. Mujer de corazón. Emotiva y sincera. Su mirada penetrante, firme y segura, me hablaba del lenguaje de su emoción. ¿Quién era realmente aquella chica que me estremecía por dentro? Su sonrisa de aceptación me llegó al corazón produciéndome alegría. No era una reacción erótica lo que sentía, era algo más profundo. En ella vi la importancia del SER, en una simple empleada. Miré los rostros de todos los demás y eran distintos, los de siempre, serios, interesados y antipáticos. Ahora procuro que no me afecte el pesimismo y el desencanto, necesito contagiarme de la sinceridad, de la alegría de los seres buenos, inocentes... Me alegro de poder sentir una sonrisa sincera que surge del SER profundo de esa gente sin estatus social. Gente humilde. Los últimos de esta sociedad, que convencen cada vez más, como tiene que SER.

Me daba apuro mirarla y dirigí mi atención hacia el mostrador donde estaban atendiendo las cajeras. Seguidamente, ella cogió el teléfono y marcó un número. Así se deshizo el hechizo. Mientras hablaba anotaba en un cuaderno. Me llegó el turno. Entregué mi cheque y el DNI. La joven que me atendió era muy atractiva, pero sus gestos eran ordinarios, del montón, más bien antipática. Me atendía sin agrado. Con rutina. Miró un fichero para comprobar la firma del cheque. Se fue a uno de sus compañeros, le enseñó el cheque. Volvió a otro fichero y sacó otra ficha. Se fue de nuevo a consultar a su compañero. Volvió al primer fichero y... después de diez minutos de espera me pagó en billetes de cincuenta euros. ¡Cuánto cuesta encontrar trabajo y cuánto soltar el dinero que se gana honradamente! Metió los billetes en un sobre y esbozó una sonrisa superficial, de circunstancias. Le di las gracias y me retiré a un lado para contarlo. Guardé el dinero en mi cartera. El sobre no me servía para nada. No podía irme de allí sin decirle algo a la luz y a la bondad de aquella mañana. Miré hacia el lugar donde se encontraba mi espontánea amiga y a la papelera junto a su lado. Rompí el sobre y me fui hacia ella. Me agaché poniéndome a la altura de su cara. Conseguí captar de nuevo su mirada y de nuevo dibujó su sonrisa hechicera. Tiré los papeles rotos en la papelera y le dije simplemente:

> La evolución y crecimiento interior es un ensanche de nuestra conciencia. Nuestra atención se vuelve más potente, nuestros sentidos se abren para ver, oír, sentir... más, de otra forma. Los niveles de conciencia nos hacen más humanos y sentimos la vida como una realidad llena de positivismo.

—Gracias por tu sonrisa —no se sorprendió lo más mínimo, ¡qué extraño! Me seguía mirando sonriendo sin decir nada, en silencio. Sentí emoción y atracción. ¿Era amor? Me pasó por la cabeza hablar con ella. Invitarla a un café. Conocerla un poco más para ver la realidad de aquel misterio. Pero ¿para qué? Fue mejor así. Aquel momento, aparentemente insignificante, me llenó de alegría, me marcó, me hechizó..., enseñándome una lección inolvidable: la fuerza de una sonrisa noble es el síntoma de la alegría y la salud de los valores del interior del SER HUMANO. Ellos se impondrán, porque dan sentido entrañable y están por encima de la deshumanización del dinero y del TENER. Ella se despidió de mí con una bondadosa sonrisa, la misma del primer momento que la divisé. Segura y cierta.

Es difícil encontrar una mano amiga, una sonrisa sincera, un gesto desinteresado de bondad. Cuando nos encontremos con ellos, sepamos apreciarlo como bendiciones de la vida. En el desierto, una gota de agua es como un diamante, tiene mucho valor. En el desierto de nuestras vidas necesitamos la bondad y el amor.

—Que tenga buen día. Adiós —el movimiento de sus labios, la lentitud de la esencia del momento... ¿Qué capacidad de mi cerebro supo captar y ralentizar aquella acción para saber apreciar y cazar al vuelo aquel momento? ¡Qué misterio!

—Adiós —le dije. Me marché contento. Aquella chica me había llegado al corazón. En aquel lugar gris de dinero e intereses había una luz radiante de un SER HUMANO bueno. Qué alegría siento cuando me encuentro con seres luminosos, afectivos, llenos de valores. Me siento impregnado de dulzura, que necesito con ansias, para llenar mi vacío racional; razonable. Cogí el coche y me dirigí al FNAC a comprar algunos libros que necesitaba. Durante el trayecto no se me iba de la mente aquella chica. ¿Estaba enamorado? No sé. ¿Era aquello un flechazo? Me sentía muy alegre. Normalmente analizo mis reacciones biológicas y mentales para descubrirme, para conocerme. Me gustan las mujeres mucho, mi naturaleza de macho se inclina hacia el sexo femenino con una fuerza importante. La verdad es que estaba alegre por todo; sobre todo, porque tenía en mi bolsillo la seguridad del dinero para tirar otro mes. Aquella chica fue un motivo que supe apreciar como algo necesario para este libro. De un tiempo a esta parte he decidido calibrar bien todo lo que me acontece para determinar y creer que estamos envueltos de misterio. Desconocemos mucho y los que estamos empeñados en buscar y buscar vamos encontrando señales, luces, brillos, razones... de la existencia de la otra parte que no podemos ver con nuestra limitada visión razonable, del más allá del misterio de las personas, de los animales y de las cosas. ¿Qué hay detrás de las miradas y la emociones? MISTERIO.

> Un cuerpo bonito no es toda la belleza. La belleza física languidece cuando el interior está enfermo. Las emociones negativas destruyen y el interior sale al exterior en los gestos y palabras. ¿Qué rostros nos dan vida? ¿Qué hacemos con nuestra vida?

Necesitados

Estacioné el coche en un aparcamiento de la calle Santo Domingo. Iba al FNAC. Seguía lloviendo sin parar. Estuve viendo libros y me compré unos cuantos, pero no tenían un título. Pensé acercarme a Espasa. Al salir, y en la esquina entre la Gran Vía y la Plaza de Callao, sentada en el suelo y mojándose lloraba y suplicaba una mujer negra. Extendía su mano y emitía unos sonidos desesperados. Lloraba. Hablaba muy rápidamente en un idioma que yo no conocía. En esos momentos yo no sentía nada, no me estremecí por dentro como otras veces. Venía de comprar libros y mi cartera estaba llena de dinero. Me sentía superficial, estúpido, seguro de tener. No me emocionaba ni compadecía de aquella mujer. Me miré por dentro y vi a un hombre olvidadizo, inhumano, estúpido, creído, inútil como la masa inconsciente... Me sentí alarmado. Normalmente simpatizo con la persona que sufre y siento su sufrimiento. ¿Dónde estaba mi sensibilidad hacia el ser humano en aquellos momentos? ¿Dónde estaban mis convencimientos de ayudar y de amar? ¿Dónde mis sentimientos emotivos hacia los más necesitados? Era un pozo VACÍO. En esos

Ciertamente somos más inhumanos cuando nuestro bolsillo está lleno. ¡Hay tantos deseos que saciar! No nos importa derrochar si es para llenar nuestros estómagos, nuestros caprichos..., nuestros, nuestros... ¡Qué pronto olvidamos las necesidades de los más débiles!, si es que nos damos cuenta de que existe la miserable necesidad.

momentos comprendí la insensibilidad del monstruoso humano que tiene muchas riquezas y no es nada por dentro. Comprendí la fiereza del gran capital y su inhumana existencia. ¿Cómo es posible que nuestros cerebros estén llenos de intereses mercantiles y de insensibilidad? Y es cierto, es así. El mundo lo mueven cerebros de estas características, sin ningún tipo de corazón. ¡Qué horror! Y yo en esos instantes me sentía así, como un bicho insensible y repugnante. ¿Cuántos políticos, empresarios, mafiosos, el populacho irracional..., existen con ese VACÍO inhumano? Ellos siembran la mediocridad y el hastío.

La mujer seguía gimiendo, su desvarío era evidente. A contracorriente de mi deplorable actitud inhumana, saqué el monedero y... le iba a dar un euro pero... le di tres. Alargó la mano y no dijo nada, no me agradeció en absoluto mi gesto caritativo. Sentí nacer un poco de compasión por aquel desgraciado ser.

—No te preocupes, ya verás cómo todo tiene solución —le dije tratando de consolarla, de darle ánimos, pero la mujer siguió hablando sola, girando los ojos. Me miraba indiferente como si le estorbara mi presencia, ya había conseguido lo suyo. Mi indiferencia fue pagada con indiferencia y descontrol. Reflexioné un instante sobre las características biológicas y mentales de la raza humana universal. La mente de un africano, como la de un francés, un español, un americano, un esquimal..., se puede trastornar o equilibrar y evolucionar. Podemos ser, por las mismas causas, muy humanos o inhumanos. Todos somos capaces de desarrollar capacidades de respeto y compasión hacia los más débiles, porque estamos dotados de la misma genética, «cortados por el mismo patrón».

Más adelante en la Gran Vía, esquina calle Abada, una chica rubia me paro para que le firmara en un folio.

—Por favor, ¿es usted tan amable de firmar aquí? Somos ex toxicómanos y estamos recogiendo firmas.

—Bueno, si sólo es firmar, pues vale —pero mientras rellenaba las cuadrículas vi que todos los que habían firmado también apuntaban una cantidad: doce euros—. «Esta gente me decepciona. Yo no le doy doce euros así por las buenas», pensaba. Me sentía un poco engañado. Mientras escribía miraba al ángel rubio y mellado que me hablaba convenciéndome de que su labor y mi aportación eran necesarias. Parecía sincera. Su cara gordita y guapa transmitían verdad. Me convenció por momentos y no tuve más remedio que darle algo. Si todos los que están en esta lista han aportado doce euros, yo no voy a darle doce euros, eso seguro, y saqué de mi cartera un billete de cinco curos. Después me regaló dos libros del «Patriarca Lucien J. Engelmejer» y me invitó a que visitara una casa que tenía la asociación por la zona de ARGANDA DEL REY.

¿Cómo es posible que el ser humano, en su conjunto, no despierte al mundo de la luz y la verdad? ¿Cómo es posible que sus cerebros no conciban otra clase de mundo más humano?

Mientras caminaba no dejaba de sentirme, de percibir mi frialdad emocional. Era consciente de lo necesarias que son las personas sensibles y humanas para nuestro mundo. Me convencía profundamente de lo necesario de mi auténtica forma de ser emocional, como la riqueza más grande que podía tener. Aquel estúpido razonable que llevaba dentro en aquellos momentos, era insoportable, sólo un cerebro mezquino y ordinario. ¿Quién puede salvar al mundo de la necesidad material y la insensibilidad y decadencia humanas? Sólo aquellos que sienten emociones nobles profundas. Esas personas que arden por dentro sintiendo hacer el bien, sentimiento emocional que brotó hace miles de años en hombres sencillos, que intuyeron en lo más profundo la enorme responsabilidad de conducir a su pueblo por los caminos de la autenticidad y la verdad. Ahora los hombres que guían las naciones son mediocres, esclavos del sistema socioeconómico organizado. El becerro de oro puede con todo, es la realidad misma, la insensibilidad, la decadencia de los valores humanos. Ese maldito animal material parece tan necesario que todos vamos buscándolo con verdaderas ganas para salir de la desesperación, de las miserias y liberarnos de los sufrimientos amargos de la necesidad. Lo buscamos todos, y con especial interés y profesionalidad aquellos que menos lo necesitan, sólo para atesorar poder e importancia, síntoma de su despreciable vanidad. Esos seres humanos se convierten, en la mayoría de los casos, en energúmenos inhumanos. El becerro de oro seca las emociones y nos hace estúpidos y peligrosos a todos. **Es la verdad.**

Esclavitud

Me conmuevo cuando me llega información de la existencia de la esclavitud en el mundo en los albores del siglo XXI. ¿Cómo es posible que todavía anden sueltos monstruos de ese calibre, seres inhumanos que no han evolucionado en el respeto y mínimo sentimiento hacia sus semejantes? ¿Qué tipo de cerebros tienen esos inhumanos que se dejan llevar por sus instintos para forzar, violar y esclavizar a sus víctimas? ¿Cómo es posible que, hoy día, podamos asistir a hechos como los que describe Eibner, en el diario *El País*?

¿Habéis pensado alguna vez que el mundo camina de nuevo hacia la esclavitud? ¿Es posible? Todo es posible cuando desaparecen de los seres humanos la capacidad de compasión y humanidad. El brutal inhumano está presente siempre, es la naturaleza misma de la necesidad desbocada.

John Eibner era un cooperante más hasta que visitó Nyamlell, un pueblo negro del sur de Sudán. Desde entonces, este norteamericano de cuarenta y cinco años y miembro de Solidaridad Cristiana Internacional (CSI) se dedica a comprar esclavos para liberarlos. Éste es el tipo de ser humano que necesitamos. ¿Qué profunda conmoción sufriría este hombre en su corazón, para llevar a cabo una tarea tan difícil?

La CSI inició en octubre de 1995 los viajes para liberar esclavos. Primero fueron quince. Gracias a algunos acuerdos de paz locales entre árabes y negros se ha reanudado el comercio en algunas regiones. Los árabes de esta zona son nómadas de los clanes rizeiqat y misiriya, que en la estación seca de noviembre a abril llegan tradicionalmente a las riberas de estos dos ríos para pastorear su ganado y comerciar. Aquí viven los negros dinkas. «A pesar de la guerra, la gente corriente, árabes o negros, quieren la paz y quieren comerciar», cuenta Eibner. Esa reanudación del comercio ha hecho posible la compra de esclavos; Eibner y su equipo, normalmente dos o tres personas, recorrieron a pie 130 kilómetros por los condados de Aweil Este y Oeste, entre los ríos Lol y Bahr El Arab, hasta llegar a su cita con el traficante árabe en Madhol, 1.150 kilómetros al sudoeste de Jartum.

CSI compra por lotes, por números, sin saber nombres ni apellidos, ni a qué familia hay que avisar para que vengan a buscar a sus parientes. Tantos como puedan con el dinero reunido. A 100 dólares (100 euros) por cabeza. Así desde 1995 han redimido a más de 800 esclavos. «Cuando llegan a nuestras manos les explicamos lo que pretendemos. Normalmente están muy traumatizados, las niñas suelen traer los bebés concebidos con sus violadores», relata Eibner. Y no los retienen más. Son libres para volver con su familia. A veces tienen que andar dos o tres días para llegar a sus casas.

> Tenemos que cuidar a los seres luminosos. Todos los seres humanos que despiertan los valores más profundos de la vida. No sabemos valorar suficientemente lo necesarios que son en el mundo mezquino, ordinario, insensible e inhumano.

La CSI, una organización no gubernamental con sede en Suiza que agrupa a cristianos de distintas iglesias, se ha enfrentado también a las críticas. Grupos como African Rights, según Associated Press, les culpan de provocar una inflación del precio del esclavo con unas operaciones hechas con gran publicidad que frustran otras secretas que se vienen haciendo desde años. Stuckelberger lo niega: «No es verdad. El precio del esclavo no ha subido desde que los compramos.» Para ellos, además, ésas son discusiones absurdas. No importa el precio del hombre. **«Nadie debe tener esclavos, ser propietario de personas, humillar así al ser humano. Lo importante es que sea libre.»** «El régimen de Jartum había atacado Nyamlell el 25 de marzo, y habíamos oído que habían tomado esclavos, que muchos habían muerto y que no había habido evacuación de enfermos. Habían prohibido viajar allí. Pero rompimos la prohibición y fuimos», cuenta Eibner. «No nos podíamos creer lo que veían nuestros ojos cuando llegamos. Todo estaba quemado; las casas, destruidas. La gente estaba aterrorizada y conmocionada muchos días después del ataque. Hablamos con los supervivientes. Muchos de sus vecinos habían sido asesinados ante sus ojos, a otros se los habían llevado, y algunos habían conseguido refugiarse entre las hierbas altas. No podíamos creer lo que veían nuestros ojos. Vimos que la esclavitud está viva y bien viva a finales del siglo xx. Aquello fue nuestro primer descu-

¿Cómo es posible que el mercadeo haya sido tan despreciable e inhumano a lo largo de la historia del hombre? Esto demuestra el grado tan grande y terrible de degeneración al que ha llegado el mundo. La bomba atómica es una consecuencia de la degeneración.

¡Cómo no van a existir las crisis existenciales, si la vida se torna en crisis total! Tanto despropósito y tanta maldad quiebran constantemente la frágil armonía de la vida.

brimiento, y no podíamos ignorarlo. Había que volver de nuevo para investigar y mostrar una solidaridad activa. Volvimos muchas veces. Unas veinte desde entonces. Algunos de esos viajes han tenido como objetivo continuar investigando y recabar datos sobre esta esclavitud que ha renacido en los últimos catorce años de guerra civil y que se ceba sobre todo en la zona situada entre los ríos Lol y Bahr El Arab. Se trata del sur de Sudán, donde viven los negros cristianos y animistas en lucha contra el Gobierno islamista que controla el norte del país. Hoy, según el presidente de CSI, Hans Stuckelberger, decenas de miles de esclavos negros viven en cautiverio en el norte de Sudán en manos de sus amos árabes.»

La maldita pasividad de la sociedad del bienestar es un claro indicio del terrorífico egoísmo que asola al mundo. No sólo son culpables aquellos que cometen las atrocidades; somos todos culpables, cuando no sentimos nada por las injusticias, los crímenes y los atropellos, que continuamente se están cometiendo. Los seres humanos de verdad, del auténtico SER, vibran y demuestran que hay que ponerse en acción para destruir la cara infame del odio y la indiferencia.

«No tengo vacas para comprar a mis hijos»

Nel Nyang Gum, de 39 años, es de Tiomthet, una aldea situada en la ribera del río Lol atacada el 30 de noviembre. «*Nos sorprendieron a las 8,30. Oí disparos y corrí a esconderme. Venían a caballo.*

Algunos vestían uniforme y otros chilaba. Vi a gente que caía muerta por los disparos. Cinco de mis hijos fueron capturados: Nyang, de 9 años; Ahok, de 7; Deng, de 7; Kuol, de 5; Bak, de 4. Vi cómo ataban a los tres pequeños a un caballo y se los llevaban. A los otros dos les ataron las manos a la espalda y les agruparon con una cuerda junto a otros niños. Los niños chillaban y lloraban. Los asaltantes se llevaron no sólo a mis niños, sino también todos mis bienes. Entre mi madre, mi hermano y yo teníamos cincuenta vacas. Ahora no tenemos ninguna. Ahora no tenemos nada nuestro para comer. Algunos parientes nos han ayudado con un poco de sorgo, pero tenemos que salir al bosque a recolectar hojas o frutos para comer. No puedo imaginar cómo puedo conseguir que vuelvan mis hijos. No tengo vacas ni dinero para comprarlos.»

«Me violaron al final del embarazo»

Akel Kuol Kur, de unos 40 años, del pueblo de Rialdit, fue comprada y liberada en diciembre:

«Fui capturada hace cuatro años, en abril, mientras iba a recolectar grano. Estaba en el final de un embarazo. Cuatro soldados me cogieron. Yo luché para escaparme. Durante la lucha, uno de los hombres me arrancó la oreja, mientras otro me rompía la mandíbula con un palo enorme. Esa noche los cuatro me violaron, uno por uno. Yo chillé y me desmayé antes de que todo acabara. Al día siguiente, no podía ni andar. Me pusieron en un

caballo. Viajamos durante diez días. Entonces me llevaron a la casa de Mahmud Jalid, en Tubun. Su mujer, Howah, me cuidó durante veinte días hasta que di a luz a trillizos. A los siete días fui enviada a trabajar al campo, a cultivar mijo. No me daban suficiente comida para comer. Cuando las ropas que llevaba desde mi captura se cayeron hechas jirones y me quedé desnuda, Howah me dio unas suyas. Cuando paraba de trabajar para amamantar a mis bebés me golpeaban. Mahmud me dio el nombre de su mujer, Howah.»

CAPÍTULO II

VIDA Y SOCIEDAD «LIGHT»

TENER DINERO me equilibra, me alegra, soy un vulgar y necesitado HOMO ECONOMICUS. Por otro lado soy un conflictivo humano que se resiste a claudicar a la vida sin valores, por las necesidades y el estúpido enfoque irreal del momento actual. Vivimos en una sociedad insustancial, atrapada en su egolatría materialista. Ser espiritual y buena persona, es muy difícil en este mundo incrédulo de dinero e intereses, y me crea conflictos. ¿Y a quién no? Me empeño en ir contracorriente de la brutal acometida de los tiempos agarrándome al pensamiento y el espíritu milenario que se muestra comprensivo y sabio para afrontar las enormes sacudidas violentas de la maldad de los seres humanos. Es difícil. Muchas veces parece imposible pretender ser íntegro por los cuatro costados. La influencia que ejerce el convencimiento general de que todo está bien me irrita y, sin embargo, veo cada vez más un claro movimiento de rebeldía y compromiso hacia otra forma de vivir más integra, menos superficial y más humana. Me gustaría alejarme de la

complejidad del gasto, del interés, de los precios...
¡Maldita sea, qué caro está todo y cómo se aprovechan! ¡Y esos horripilantes hipermercados infectados
de gente a cualquier hora! Nos están tomando el pelo
y se están cargando al pequeño comerciante sin
ningún miramiento, y todos colaboramos, ciegos al éxito de esos nego-
cios que roban nuestro
dinero. Como siempre, la
maldita comodidad nos
absorbe para no entender.
Qué cierto es que traga-
mos con todo, nos adapta-
mos al ritmo que nos
imponen los grandes capi-
tales y el cansino, macha-
cón, aprovechado y superficial comercio. Todo es
comercio, ¡y tan caro! ¿Quiénes son los canallas que
encarecen y hacen imposible la vida? ¿Qué solución
hay? ¿Existen comerciantes con corazón? (Mi respeto
más profundo a todos los comerciantes buenos, si
existe alguno.) Normalmente, la mentalidad del
comerciante son las ganancias y cuantas más mejor.
Sólo pretenden TENER dinero, TENER poder. No se
sacian. Parecen de otro mundo, malditos bichos irracionales que sólo comprenden el lenguaje de los beneficios y hacen de la necesidad su aliada para sacar más
de la cuenta a costa del hambre y la miseria. Fijaros lo
que sucede en Irak, donde la maldad gobierna a sus
anchas, desde el maldito y salvaje Sadam Husein y su

> Si desde niños nos enseñaran a vivir desde nosotros, de adultos podríamos ser ingenieros de nuestro interior. ¡Es una lástima que permanezcamos durante toda la vida en un jardín infantil, sin poder saborear la miel de la evolución!
> Es triste que sigamos jugando sin saber que la vida nos la puede jugar.

clan a los comerciantes que se aprovechan con avaricia de las carencias de un pueblo inocente que ignora la realidad profunda y desalmada.

«Bagdad ha aprendido en estos últimos años a convivir con la tensión, la escasez y el miedo. Lo testimonian millares de tiendezuelas y de vendedores ambulantes que se ganan la vida localizando productos del extranjero de todo tipo y poniéndolos a la venta a precios supuestamente inalcanzables o prohibitivos para un ciudadano medio cuyo salario oscila, en teoría, entre los 5 y 7 dólares al mes (5 y 7 euros).

Son los síntomas claros de que, a pesar del embargo, existe en el país una economía sumergida y una nueva clase de comerciantes contrabandistas que han convertido los 1.200 kilómetros que separan a Ammán de Bagdag en un corredor comercial. En la capital de Irak se puede encontrar de todo. El suministro lo asegura esa flota de todo tipo de vehículos, que, además de transportar gente, suelen parar en los almacenes, situados cerca de la frontera, donde se aprovisionan de bebidas refrescantes, cervezas sin alcohol, pañales de celulosa para los bebés, pasta de dientes o jabón para la ropa.

—Viajo sólo una vez de Ammán a Bagdag o viceversa. En un solo trayecto gano cuatro veces el salario anual medio de un iraquí. Todo eso sin contar el complemento que me supone la compraventa de alimentos y productos de primera necesidad —comenta un avezado conductor, propietario de una flota de una docena de taxis, que ha convertido el embargo de Irak en un suculento negocio.» (Diario *El País*.)

El mundo es como un paraíso abigarrado de colores artificiales, promovido por los comerciantes, que parecen ser los salvadores del mundo de la necesidad, donde la existencia no es posible sin dinero. Mercados e hipermercados surgen como hongos, como razones innegables de la vida. Allí se va a gastar y al que no tiene nada se le concede la oportunidad de ver, ver, ver... el fenómeno milagroso de la artificialidad humana en venta. La salvación o la destrucción del género humano parece ser que están en manos del comercio y del capital egoísta, violento y depredador. Juntos evolucionan al unísono sin medida ni control, buscando y creando necesidades para ganar. Es así. Tuvo que ser así irremediablemente desde tiempos inmemoriales. Y el invento del comercio y el dinero invadió el mundo sin escrúpulos de conciencia (insisto, sé que existen buenos comerciantes, que ellos sean un ejemplo).

> Nunca el capitalismo fue consciente de los efectos que produciría su insensibilidad en la generalidad del planeta. Determinados tipos de negocios asolan y traen el declive de la civilización entera. No solamente se talan los bosques, se ensucia la atmósfera y los mares y océanos, también surgen los convencimientos de pensar que todo es normal.

—Peor se viviría si no existieran los inventos mercantiles. ¿No? Mientras haya abundancia, eso es bueno. Mejor que las carencias.

—Es cierto. Es así. Pero todo cuesta muy caro y se aprovechan.

—No querrás que te lo regalen. El capital es bueno porque nos salva, ellos se llevan lo suyo, y los demás, lo nuestro. ¡Convéncete hombre! ¡Qué sería de nosotros si no existieran hombres emprendedores creadores de riqueza!

—Tienes razón. Necesitamos hombres emprendedores, capaces de generar riqueza de empleo, pero, ¿dónde están esos hombres y mujeres profundamente comprometidos? Yo sólo veo gente con vocación por ganar a costa de las necesidades de los demás. ¡Hasta al oxígeno algún día le pondrán precio, nos va a costar incluso respirar!

—Eres muy negativo ¿no?

—Eso es. Ésa es la palabra, negativo. Pienso demasiado y mal de las cosas. ¡Con lo bien que se vive sin pensar, ¿verdad?, siguiendo el ritmo que te imponen las sobresalientes, emprendedoras, lúcidas y poderosas inteligencias, que lo organizan todo para ganar! Porque si no se gana, nada tiene sentido en este mundo. ¿Verdad?

—Ése es el mayor aliciente. Todo sería muy aburrido. Así la vida es como tiene que ser, dinámica y entretenida. El futuro será radiante, ya lo verás. Sólo hay que pensar en ganar, ahorrar un poquito y gastar todo lo demás en vivir la vida con alegría. Es fácil. Olvídate de ser bueno, honrado, y todas esas chorradas que lo único que hacen es estorbar al verdadero progreso personal.

¿Estamos ante el final de una civilización?

—No me había dado cuenta. ¿Por qué tanto follón mental? ¿Por qué me habré complicado tanto?

—Sólo tienes que capacitarte. Estudia marketing estratégico, inglés. Comprende que es mejor subirse al carro. Si no, mala cosa. Olvídate de ser más humano, más integro... Son todo chorradas. Lo más importante es ser un gran vendedor. Vender si es preciso a tu madre. Los valores no sirven para nada. Consigue buenas tajadas, así te valorarán. Serás muy importante y olvídate de ser bueno, ¿qué vas a sacar? Prepárate. Aprende de aquellos que saben ganar utilizando a los demás: los triunfadores.

—¡Anda! se me había olvidado. Para ganar, hay que saber y sobre todo aprender malas artes y desconfiar de todo el mundo, utilizando a la gente para lo más importante: mi beneficio. ¡Vaya despiste!

—Y saber más que los demás, para conseguir los mejores puestos. La gente es muy lista hoy día.

—Ya. Pero yo no soy listo ni ambicioso y me cuesta mucho hasta pedir un favor. ¿Qué va a ser de mí siendo tan torpe? Además quiero ser bueno.

—Pues serás un desgraciado del montón. Tendrás que resignarte a ser pobre y subordinado. Esclavo. Los que mandan son los que tienen dinero, prepotencia, soberbia..., y tú tendrás que hacer lo que ellos quieran. Es normal. Tendrás que aguantar lo que sea con humildad para no perder tú puesto de trabajo. Aquí no sirven las protestas. No hay oportunidades para los que se rebelan. Hay que ser oveja mansa.

—Me he complicado mucho y no sé cómo salir de este callejón conflictivo. Veo la realidad del mundo como una locura interesada. La esclavitud vuelve sin remedio.

—La jodiste.

—Así no vamos a ningún sitio. Lo sé. Sufro mucho por ello.

—¡Joder! Tu eres carne de los carroñeros.

—Me enfrento continuamente con mi propia incapacidad para resolver mi drama de no entender la normalidad de la vida y me consuela leer a personas competentes como ERICH FROMM, ENRIQUE ROJAS, JOSÉ M. RODRÍGUEZ DELGADO, LEO BUSCAGLIA..., OVIDIO, SÓCRATES, PLATÓN, HOMERO... Entiendo el resentimiento tan profundo de FRIEDRICH NIETZSCHE y su espíritu crítico, en contra de la sociedad desvalorizada que crea monstruos de doble moral y horrorosos psicópatas. Todos ellos confirman mis descubrimientos de que vivimos en una sociedad enferma e inútil. ¡No quiero adaptarme al absurdo! Me ganaré la vida simple, llana y honradamente y seré lo más humano posible, en contra de todas las opiniones vulgares.

> La historia nos enseña y de ella debemos aprender. ¿Qué pasó con el Imperio Romano? ¿Por qué se destruyó esa civilización tan extraordinaria? Debemos capacitarnos más, desarrollando valores y sabiduría para dar una oportunidad a lo que podría ser la recuperación de todos los paraísos perdidos a lo largo de nuestra historia inhumana.

—Madre mía. ¡Qué problema tienes!

—Para mí sería muy fácil olvidarme de todo y, como todos, pensar solamente en ganar. Vivir la vida superficial de TENER Y GASTAR. Necesito luchar para sacar adelante a mi familia y ayudar a todos los que pueda, pero sin estúpidas y frívolas vanidades.

—Tú al final vas a parar al manicomio, te estás complicando demasiado. La vida sólo se vive una vez y tú no sabes vivirla. Mira, el domingo te vienes conmigo al fútbol. ¿Vale? Allí se te van a pasar todas las tonterías que tienes en la cabeza. Tienes que ser realista, si no vas por mal camino.

—Es fácil dormirse de nuevo y desentenderse. La evasión de la realidad produce fenómenos sociológicos de masas. Lo estamos viendo con el fútbol. La gente necesita de algo que desahogue la profunda frustración de la MENTIRA de vivir.

> La sensibilidad sabe apreciar el rastro de la vida y su equilibrio.
> Lo insensible está muerto. Y los muertos son los que están continuamente sometiendo al mundo a su único lenguaje: el de la muerte.

—Realmente, tu estás muy mal, colega.

—Creo que he contraído una responsabilidad muy grande conmigo mismo y con lo que me rodea. Necesito seguir investigando y desenterrar la verdad evidente que existe en todo. No engañarme ni engañar, escribiendo y profundizando a contracorriente de mi forma de ser tendente al escepticismo y la incredulidad. ESTAMOS EQUIVOCADOS Y TENEMOS QUE SABERLO. LA MENTALIDAD ENGAÑOSA EXISTE Y CREA LA GRAN MENTIRA, INVENTANDO UNA VISIÓN QUE NO TIENE QUE VER NADA CON LA REALIDAD. LA MENTIRA ES EL GRAN ESPEJISMO INHUMANO, QUE NOS DESTRUIRÁ A TODOS.

—¡Joder! ¡Cómo estás! No pensaba que estuvieras tan chiflado. Yo me voy porque no aguanto el rollo. ¡Hasta nunca, chalao!

* * *

¿Qué hacer? Es difícil. Lo primero es despertar y no conformarnos con nuestras tendencias robotizadas. Es necesario saber que la sociedad está alienada y sigue un trepidante ritmo inhumano. Debemos ser conscientes, para no seguir contribuyendo de una forma personal al avance del desequilibrio inhumano. Los valores milenarios son necesarios para conformar el SER mental y espiritual, y ésa es la ruta que debemos seguir; de otra forma, el caos se apoderará de nosotros y nos destruirá.

Las emociones humanas son terribles; cuando no hay control, se desatan las pasiones asesinas y egoístas, lo estamos viendo. No podemos tomarnos la vida tan inconscientemente, tenemos que darnos cuenta que somos incautos, ciegos, y desde esa conciencia empezar a despertar al convencimiento de otra forma de vivir más sana, menos egoísta y más controlada. Y es desde la educación de los niños, y nosotros mismos, donde tiene que partir la transformación del mundo.

> Nuestros cerebros están siendo bombardeados por toda clase de ideas y sensaciones. No es de extrañar que estemos totalmente perdidos y no nos demos cuenta del grave deterioro que hemos sufrido. Ya no somos consecuencia de una evolución normal, somos una clara consecuencia del atolondramiento de nuestros cerebros.

El mundo «LIGHT», SUPERFICIAL, es una amenaza para la integridad humana. Las capacidades cerebrales se debilitan y conciben el mundo a su manera: despreocupados, sin compromisos, entregados al pragmatismo de la llamada realidad, que es la gran mentira del gran negocio de masas.

La despreocupación por los grandes problemas es síntoma de conformidad enfermiza. Todo es normal: el paro, la marginación, los asesinatos, las drogas, la decadencia generalizada del poder y los medios de comunicación, el terrorismo, el tercer mundo... Todo es normal en un mundo que no encuentra soluciones íntegras. Las formas de ser «LIGHT» LO ACEPTAN TODO. No se puede hacer nada. Es inútil. El pensamiento de esta sociedad es débil, sin interior profundo, sometido a las modas de los grandes triunfadores mercantiles. Sus emociones están congeladas y sometidas a las grandes tendencias superficiales como las únicas verdades.

> Un cerebro atolondrado por los medios no es posible que piense con normalidad y se olvida pronto de la auténtica realidad. ¿Cuántos cerebros dañinos e inconscientes viven sin saber que viven y, convencidos de su operatividad, convencen a otros ignorantes a caer al abismo de la ignorancia?

Esta sociedad del vacío y del tener acepta cada vez menos profundizar, y cuando un pensador se cruza en su camino le tachan de «filósofo», como un infectado ser que rompe con la normalidad aséptica de profundos convencimientos. Como si la filosofía fuera algo raro, incomprensible, que enturbia la asepsia social de falta de creencias y valores. Y se ríen de las capacidades y de los hombres y mujeres que se entregan de corazón, con emociones sinceras, valorando la vida desde su más auténtico realismo. Los valores trascendentales no significan nada. Los convencimientos de las verdades interiores no significan nada, porque en la superficialidad no existen razones de peso que los sustenten. Las cuestiones esenciales no importan. No se dan cuenta de sus propias reacciones emocionales ni saben diferenciar sus sentimientos, porque para la cultura «LIGHT» todo es química: la química del sexo, la química del amor...

—Entre tú y yo existe mucha química —dicen las mentes supuestamente avanzadas en temas científicos y de bioquímica. La búsqueda del placer y del dinero es la esencia misma de la vida. Lo más importante.

¡Almas y corazones de plástico que no sienten ni padecen y alejan lejos de sí todo lo que significa entender la vida desde la realidad misma! La muerte no existe para estas generaciones; si les hablas de ella reaccionan convulsivos, y si les hablas de espiritualidad, de la meditación, incluso del pensamiento, lo más cercano con lo que vivimos día a día, «porque somos lo que pensamos», se llevan las manos a la cabeza. No creen ni siquiera en la existencia del pensamiento. Si te ven leer la Biblia, la vida de los santos, para ellos ¡eso es el colmo! Te tienes que meter a cura o a monja. ¡Es impresionante hasta dónde llega la estupidez, la ignorancia y los prejuicios absurdos!

La alegría de vivir de un niño es claramente visible y verdad. Las almas y corazones de plástico ya no viven, sobreviven al contenido tóxico de sus convencimientos mentirosos.

—¡Cómo es posible que creas en esas cosas! El espíritu no existe. ¡Todo es química! Preocúpate de la fama, el poder, un buen nivel de vida, que te conozcan... ¡GANA DINERO, JODER, ÉSA ES LA MÁXIMA MADUREZ!

«Muchos si no salen en la tele es como si estuvieran muertos». Ése es el comentario de los famosos. El protagonismo tan desmesurado es horripilante. Así poco a poco va muriendo el SER HUMANO y aparece el adefesio irresponsable, insolidario, el rival hostil, sin vínculos, indiferente... Un ser humano rebajado, repleto de consumo y bienestar que lo único que intenta es despertar admiración o envidia en todos los de su calaña.

> No cabe duda que la decadencia de una civilización tiene fácil diagnóstico: La explosión de sus vanidades y con ellas viene, como consecuencia, la ignorancia y las maldades que ella encierra. ¿Cómo un hombre vanidoso puede intuir,
> ni por asomo,
> el valor que hay dentro y aparte de él?

La desorientación de la inmensa mayoría de la sociedad es evidente, pero ella se siente segura y orgullosa de poseer la verdad pragmática, la auténtica modernidad que rompe con el pasado para crear un futuro nuevo, desligado de la sabiduría y del compromiso responsable de hacer futuro. Para esta sociedad «LIGHT» el futuro es indiferente. Cada cual que se apañe como pueda. ¡Cómo es posible que seamos tan tontos!

Entiendo bien la superficialidad porque arrasó mis entrañas, me hizo muchas veces claudicar a la evidencia de la mentira y el escepticismo. Yo fui y soy como ellos. Tengo rastros, profundas huellas de superficialidad, que necesito borrar. Me cuesta ver, percibir la auténtica realidad que hay detrás de las apariencias. Pero gracias a Dios (¿por qué no DIOS? ¿Por qué no creer?), he abierto los ojos para ver. Muchas veces he sentido que estaba loco. ¿Cómo era posible que mi forma de pensar fuera diferente al resto? Yo realmente estaba fuera de onda. Estoy fuera de onda y me alegro cada vez más de ello. Pero no sé adónde iré a parar, porque la sociedad inverosímil rechaza la evidencia de las cosas. Te atrapa y crea problemas que no buscas.

«Algunos intelectuales europeos han enunciado este tema. Alain Finkielkraut lo expone en su libro "La derrota del pensamiento". Por otra parte, Jean Francois Revel, en "El conocimiento inútil", resalta que nunca ha sido tan abundante y prolija la información y nunca, sin embargo, ha habido tanta ignorancia. El hombre es cada vez menos sabio, en el sentido clásico del término.

Ningún sabio puede negar de su ceguera. Si un sabio dice: «SÓLO SÉ QUE NO SÉ NADA», ¿cómo se atreve la necedad de afirmar saberlo todo? Los necios se convencen de que son sabios cuando sus arcas están repletas, fruto de sus engaños.

En la cultura nihilista, el hombre no tiene vínculos, hace lo que quiere en todos los ámbitos de la existencia y únicamente vive para sí mismo y para el placer, sin restricciones. ¿Qué hacer ante este espectáculo? No es fácil dar una respuesta concreta cuando tantos aspectos importantes se han convertido en un juego trivial y divertido, en una apoteósica y entusiasta superficialidad. Por desgracia, muchos de estos hombres y mujeres necesitarán un sufrimiento de

51

cierta trascendencia para iniciar el cambio, porque no olvidemos que el sufrimiento es la forma suprema de aprendizaje que haga resurgir un ser humano más consistente, vuelto hacia los valores y comprometidos con ellos.»

Enrique Rojas

Mentira

¿Para qué sirve la mentira?

La vida humana resbala por un cortante y continuo filo inhumano acrisolado casi siempre en la incertidumbre y en el desconsuelo de la falta de autenticidad. La incertidumbre se transforma en desconfianza y nos hace dudar. Eso es bueno, porque así podemos ver que «no es oro todo lo que reluce». La falta de solidez y objetividad nos produce sensaciones frustrantes, nos remueve por dentro las emociones y con ellas podemos tomar contacto con la auténtica realidad. Cuando los criterios sólidos escasean y se violan continuamente los valores humanos, brotan las críticas, los resentimientos destructivos..., es como un movimiento en las profundidades para alterar la convincente calma de la superficie. Se imponen las revoluciones para encontrar otras vías de escape del desengaño, hacia el encanto de la vida, hacia la verdad auténtica de la existencia.

La mentira revolotea con los mercados. Ellos crean las crisis con la facilidad y velocidad del rayo. Tan pronto están en Oriente como en Occidente provocando ilusionismos y hondas preocupaciones con los malditos **crashs provocados.** Capitales invertidos en Asia vuelan a Occidente y al poco tiempo son retirados para ir a parar a lugares insospechados donde la rentabilidad sea más fructífera. El crecimiento económico y las crisis van y vienen a gusto de esos poderosos que mueven sus hilos inhumanos sin pensar en nada ni en nadie; sólo en ellos mismos, en su maldito juego, donde nos atrapan a todos. Son terribles ciegos interiores, terribles y mentirosos **y,** lo peor de todo, fantasmales delincuentes que hacen daño a las humildes familias del mundo que de la noche a la mañana ven esfumarse sus ahorros, mermar sus rentas, encarecerse la vida y desaparecer incluso sus empleos. Los especuladores internacionales fuerzan las devaluaciones del dinero y extienden las crisis como pólvora por todos los países donde han depositado sus capitales.

> Ver el horrible movimiento del capital y su farsa me hace más fuerte para creer en otras posibilidades. Mi escepticismo y mi incredulidad vienen de la decepcionante realidad del ser humano, pero más allá de esa real irrealidad están las verdades y las leyes que permanecen en el tiempo, a través de los siglos. Más allá de la mentira está la verdad de lo que soy, y eso nada ni nadie podrá negarlo. Es mi SER.

El flujo de capital es totalmente irracional e inhumano, no conoce emociones ni sentimientos. No se para a pensar en el mal y la violencia que desata. MIENTE. La lógica del mercado es el beneficio y éste se obtiene con el ilusionismo de la mentira, «cortando por lo sano». Están jugando con fuego y no son conscientes de ello. Hace algunos años me impresionó escuchar en una conferencia a una especie de «artista loco» que profetizaba la segunda venida de Jesucristo y la crisis asiática. No le creí, pero me dejó una profunda impresión.

He visto muchas veces nuestro planeta Tierra a vista de pájaro en documentales y fotografías y me sorprende lo insignificantes que somos vistos desde arriba. ¿Cómo es posible que algo tan pequeño pueda provocar un desastre de dimensión planetaria? Pero es verdad. Está comprobado que el ser humano se ha erigido rey destructivo de la creación.

Las noticias que nos llegan de Asia están confirmando este preconocimiento, intuición o mensaje profético. Quién sabe qué pasará en este loco mundo de capitalismo feroz e irresponsable. No cabe duda que no iremos muy lejos. Si no se sientan otras bases de equilibrio y racionalidad humana, todos acabaremos mal, la guerra y la violencia se pueden desatar sin remedio. ¡Qué Dios nos proteja!

¿El capitalismo está en crisis?

«Las crisis cíclicas en el capitalismo mundial se repiten ahora, en los últimos lustros, con inusitada frecuencia. Prácticamente cada 18 ó 24 meses: en 1992, la crisis del Sistema Monetario Europeo; en 1994, la crisis mejicana y el efecto tequila, y 1997, la crisis del sudeste asiático.

El viceministro de Finanzas japonés, Eisuke Sakakibara, advirtió en el Time que la crisis "no es sólo asiática; es la crisis del capitalismo", porque *"el ahorro en Asia es una buena parte del ahorro mundial. Si Asia se va abajo, el mundo entero se irá con ella".»*

* * *

«*Los que ayer hablaban del milagro económico en Asia y predicaban la buena nueva de los "valores asiáticos" de disciplina, ahorro y trabajo duro, hoy critican sus puntos débiles: bancos mal gestionados, grupos empresariales sobredimensionados, corrupción...*

Cuando se alababan estos modelos de desarrollo, que han protagonizado los mayores crecimientos del mundo en los últimos años y con los que algunos de los países hoy en crisis han alcanzado rentas per cápita similares a las de Europa y EE. UU., pocos analistas hacían hincapié en que sus salarios eran un 40 por 100 de los americanos y un 50 por 100 de los europeos, lo que revelaba que la productividad por empleado era muy baja o que el poder de los empresarios era muy elevado. También hacían oídos sordos a la falta de libertades y a sus condiciones sociales y laborales.

Tailandia ya ha perdido 1,7 millones de empleos, quiere expulsar a 300, e Indonesia a un millón. Se agravará la pobreza y el paro, y se fomentarán los disturbios. Washington comparte esta preocupación por los riesgos de desestabilización en la zona. Con urgencia han viajado funcionarios del Tesoro y del Pentágono. El viceprimer ministro chino, Li Lanqing, ha dado también seguridades a la comunidad internacional de que actuarán de cortafuegos: "No devaluaremos el yuan para no arrastrar a los vecinos a nuevas devaluaciones que ahondarían la crisis."

Mientras los saqueos y las manifestaciones se suceden en Indonesia, en un marco más idílico, en el Foro Económico Mundial de Davos (Suiza), grandes empresarios y dirigentes del mundo escuchaban esta semana a George Soros y al secretario general de la Confederación Internacional de Sindicatos Libres, Bill Jordan, reclamar con urgencia reglas al rápido y masivo movimiento de capitales.» (El País)

¿Qué es la verdad?

Veritas en latín quiere decir lo que es exacto y riguroso; procede de *verum,* cuyo significado es fiel y sin omisiones de lo que ya sucedió.

La verdad es la coherencia misma de las cosas y de las vivencias. Es la propia existencia de las cosas, de las circunstancias... Ella nos conduce a la relación constante de todo lo que existe hasta el misterio, que es la profunda, trascendental, verdad desconocida.

La firmeza de lo que somos y nuestras acciones rectas son lo que determina nuestra integridad como seres humanos. No hay libertad personal, ni desarrollo armónico, si continuamente nos estamos mintiendo a nosotros mismos y a los demás. En este proceso se resquebrajan, con el tiempo, los sentimientos nobles, tornándose siniestros y decadentes.

La verdad es una actitud que nos hace brillar de autenticidad y sonreír satisfechos, libres del miedo de la trampas y los ardides. Los pensamientos brotan y se expresan con total espontaneidad. Las emociones surgen y dejan rastros de verdad pacífica o violenta; sólo teniendo conciencia de sus efectos seremos dueños de nuestra forma de ser. El control de nosotros mismos es el descubrimiento de la verdad de nuestras poten-cialidades. La verdad es el encuentro con la existencia y sólo es cierto lo que exis-te. Si surge el amor, éste existe y es verdad como emoción. La muerte es la «gran verdad de la vida». «La hora de la verdad» es la vida y la muerte, nadie puede dudarlo.

> ¿Para que todo cambie es imprescindible una gran crisis del capitalismo? Con el derrumbamiento de todos los mercados mundiales se generará una gran guerra de peligrosas consecuencias. Después del horror, la conciencia humana de los más nobles subsistirá, doblegando a la maldad y el egoísmo a la servidumbre.

El hombre superficial es el ocaso de los valores y el vacío de verdad. No buscan, ni aman la verdad y nave-gan sin rumbo, arrimándose a lo que más les conviene. El espíritu de lucha por la integridad desaparece, con lo cuál todo sirve y es adecuado si a uno le satisface. De esta forma surge la confusión y no conocen la esencia de las personas, de las circunstancias y de las cosas.

Una sociedad «light» es un fenómeno de decadencia generalizado, donde reina el subjetivismo y la pasividad. Para hacer frente a los grandes problemas reinantes, este tipo de sociedad no sirve, porque carece de empuje y con-vencimientos de verdad. Dudar de todos es debilitarlo todo y se crea la mediocridad como estado inconsciente del individuo. Es la muerte de la capacidad humana.

CAPÍTULO III

¿TENER Y GANAR SON LAS ÚNICAS VERDADES DE LA HUMANIDAD?

La mañana y parte de la tarde del día 2 de febrero de 1998 me sirvieron para convencerme, una vez más, de lo importante que es TENER. Quien tiene puede transformar la realidad, ser dueño. Yo tenía ciento veinticinco mil pesetas en mi bolsillo y aquellos pobres no tenían nada. Ellos me suplicaban que les ayudara. Si no albergara ningún sentimiento humano, ni sensibilidad, me hubiera sentido superior, prepotente e idiota.

> Si miras a tu alrededor y encuentras desagrado, gestos de rechazo, crítica..., es síntoma de enfermedad y desconcierto interior. Esta tendencia generalizada produce daño en los más jóvenes, generando un futuro de odio, malestar y violencia.

Tengo que vigilarme continuamente porque mi naturaleza estúpida me la juega. Yo tengo una casa y dos

59

coches, y aquellos pobres no tenían nada. Yo soy un privilegiado y los más pobres y necesitados del mundo no tienen nada. Con tanto como tengo, ¿qué soy si no siento nada, ni aprecio lo que me rodea? Si mi vacío interior me corroe las entrañas haciéndome un insulso inconsciente. ¿De qué me sirve tener? ¿Qué soy con mansiones, cuentas bancarias millonarias, coches, yates..., si estoy vacío por dentro. Si no siento ni el más mínimo estremecimiento de compasión, de amor, para qué tanto, si estoy viviendo el infierno de no sentir nada por nadie? **¿De qué le sirve al hombre ganar todo el oro del mundo si pierde su alma?** El alma del mundo está corrompida y tratan de destruirla con razones de peso mercantil.

> El continuo engaño de uno mismo trae consecuencias nefastas para percibir lo que es nuestra auténtica realidad.
> El SER humano está detrás de todas nuestras apariencias, caparazones que ocultan la verdad.

El alma del ser humano es oro, dinero, posesiones... ¿Para qué tanta complejidad? TENER es importante, pero es MENTIRA. Los seres humanos no valen nada. Si en nuestro interior no hay sentimientos y emociones nobles, nos volvemos egoístas, destructivos, malvados..., y con normalidad, caemos en el campo de la negatividad, que es un peligro para todo el mundo; el estado en el que nos encontramos.

Cuando veo mi monstruo mercantil interior me asusto, me da pavor la inconsciencia inhumana. Si no siento inquietudes humanas, me horrorizo... ¡Cuántas veces me he asustado de ver sólo oscuridad y vacío!

Para vivir así mejor no nacer, no vivir..., y me esfuerzo por evitar morir ahogado en el océano de la superficialidad de mis intereses egoístas, de mis angustias de no vivir alegre porque me falta algo. Lo esencial.

Voy a contracorriente, lo sé; por ese motivo tengo que ser muy minucioso en el análisis de la realidad para ver con objetividad el proceso humano e inhumano. Es fácil caer en lo inhumano cuando no entendemos, y nos cerramos a ver otras posibilidades. La vida es muy dura y nuestra ignorancia también. Nuestra soledad interior muchas veces nos manifiesta el vacío, la no existencia de algo que nos dé sentido, y avanzamos razonablemente hacia el insensible materialismo, volviéndonos oscuros seres que sólo perciben sensaciones avarientas y hedonistas. Tener da felicidad y desarrollamos conocimientos para acumular y sentirnos seguros y felices. Pero, si vemos profundamente nuestra felicidad es sólo pereza, desidia, ineptitud, avaricia..., nos damos cuenta que falta algo más profundo y nuestro vacío quizá sea más grave y patológico. Aquellos que tienen consciencia son realmente un privilegio para la evolución, pero normalmente

> El síntoma que más se aprecia en una sociedad sana es su alegría. ¿Dónde está la alegría del mundo civilizado?

padecen ceguera total y para toda la vida. Y se pudren los cuerpos y las almas sin sentir la necesidad imperiosa de hacer algo por el mundo, más allá del orden perfecto de la mente organizada para ganar la decadencia interesada.

«*Un enfoque útil para comprender el modo de tener es recordar uno de los hallazgos más importantes de Freud: después de pasar por su fase infantil de mera receptividad pasiva, seguida por una etapa de receptividad y explotación agresiva, todos los niños, antes de alcanzar la madurez, pasan por una etapa que Freud denominó anal-erótica. Freud descubrió que esta etapa a menudo continúa dominando el desarrollo de una persona, y que cuando esto sucede se desarrolla el carácter anal, o sea el carácter de una persona cuyas energías vitales están dirigidas principalmente a tener, ahorrar y acumular dinero y cosas materiales, y también sentimientos, gestos, palabras y energías. Éste es el carácter del avaro, que generalmente se relaciona con otros rasgos como el orden, la puntualidad, la terquedad, que se manifiesta en grado extraordinario. Un aspecto importante del concepto de Freud es la relación simbólica entre el dinero y las heces (el oro y el excremento»*

El lujo es un insulto a la pobreza. ¿Cómo se puede vivir en grandes mansiones cuando la pobreza y la miseria se arrastran desnudas, enfermas, tristes... por las calles? Si no hay conciencia social, algo malo está pasando en las mentes y en los corazones de los satisfechos ciudadanos hedonistas.

ERICH FROMM

La sociedad burguesa siempre funcionó así, y es claro y evidente que eran y son gente enferma. (Mi mayor respeto a las buenas personas.) La sociedad entera evolucionó hacia la clase burguesa y en estos momentos es un claro ejemplo de estupidez concentrada.

Hemos sido víctimas de unas extrañas directrices que nos han llevado al descalabro. Hoy día lo más importante es tener y no importa si destruimos la vida de las demás personas con tal de adquirir propiedades y el derecho ilimitado de conservar lo adquirido. Hemos evolucionado hacia una forma de ser aparentemente normal. La realidad es totalmente normal y el que diga lo contrario no está en sus cabales. Seguro que, para muchos, el hecho de tratar este tema como lo estoy haciendo es como si estuviera fuera de mis cabales, lejos del marco de la normalidad social. Y como consecuencia estoy loco de remate. Hablar en contra de la normalidad, de los intereses de la insolidaria comunidad inhumana, es estar fuera del juego normal de la existencia. Yo, como todo el mundo, tengo la maldita

Por un sueldo compran parte de nuestra vida y nos consideran cosas. Por un sueldo podemos perder nuestra personalidad y asumir la despersonalización imaginativa que de nosotros se forman, los dueños de nuestra vida. Ellos piensan que somos lo que ellos quieren que seamos, dentro del límite de sus prejuicios e ideas asociadas, y sin remedio, su razón subjetiva nos convence que somos lo que ellos quieren que sean: sus subordinados. Por un sueldo te censuran y tienes que callar. Por un sueldo no puedes decir más de lo necesario. Ésta es otra vez la nueva dictadura empresarial. Volvemos al pasado.

mentalidad de la propiedad incrustada, como todo el mundo, en cada célula de mi cuerpo. Es cierto, pero también soy consciente del daño que produce la afirmación continua de ese yo posesivo e insultante hacia los más desfavorecidos. Creo que debemos ser conscientes del límite de nuestra egoísta, inhumana y desenfrenada carrera. Hay muchos seres humanos, gente joven, que necesitan ayuda para rehacer sus vidas y sólo se les está poniendo trabas en todos los sentidos, porque la maldita mentalidad capitalista lo encarece todo para llenar sus arcas.

Las buenas relaciones humanas parecen cada vez más imposibles. La hipocresía, la falsedad y la trampa surgen en el momento más inesperado. Los ambientes sórdidos e inhumanos recorren los pasillos, las salas, los despachos. Y las críticas incluso desayunan churros con mucha mala leche.

Quiere dominarlo todo, hacernos suyos, esclavizarnos a sus dictados posesivos. Todos los seres humanos, para ellos, somos cosas. No nos respetan y matan el sentido profundo de nuestra existencia. ¡Es terrible y no nos damos cuenta! Parece que no hay otra solución que pasar por el aro. Si no, eres un marginado, y es así, la sociedad margina y destruye a los que desafían mínimamente al sistema posesivo y autoritario. LA NORMALIDAD. Esto, para muchos como yo, es algo inaceptable. ¡Yo me rebelo! No acepto que me traten como algo inanimado, que pueden someter a su antojo por cuatro monedas miserables. Un sueldo.

El sentido de posesión lo observo en los empresarios cada vez más arraigado. Poseen máquinas y seres humanos de los que pueden deshacerse a su antojo, pero parece mentira que no se den cuenta *«que la fuerza que nos impulsa en dirección opuesta a nuestra estructura y que perjudica nuestro crecimiento, produce resistencia»* (Erich Fromm). Existen fuerzas interiores brutales en los seres humanos que nos transforman en bestias dañinas. Las emociones se rebelan contra las injusticias produciendo reacciones de odio y resentimiento. Y surgen filosofías radicalmente peligrosas y opuestas al sistema. Muchas veces a los seres humanos que nos sentimos afectados, que vemos claramente lo irracional de los comportamientos, nos rompe por dentro el resquemor. Yo no soy ni filósofo ni tan siquiera escritor, y por mi carácter analítico y **honrado** (no me ruborizo al escribir esta palabra) sé cómo se podrían sentir estos hombres con la miserable mayoría ciega y egoísta. Tengo en mis manos un libro de Friedrich Nietzsche, «Así hablaba Zaratustra», y entiendo perfectamente toda su rabia y resentimiento hacia la sociedad ingrata y necia que crea al Dios verdadero y ella misma se lo carga, ejerciendo la doble moral; cambiándolo por el becerro de oro de los intereses y la deformada, egoísta y desproporcionada propiedad privada.

¿Cómo son aquellos que no tuvieron la suerte de ser amados ni apreciados? ¿Qué transmiten sus vidas de adultos? Me siento un afortunado de haber nacido en un oasis de amor familiar.

¿Pero, cómo puede ser la realidad humana tan engañosa? Se crean valores para la supervivencia y el desarrollo armónico y surge a la vez la farsa y la hipocresía. De este modo el odio y el resentimiento brotan de los seres nobles, que ven al monstruo de doble cabeza disfrazado de ángel. Y de nuevo surgen las voces de la liberación de todo lo que ingratamente nos ata. Pero, ¿la nuevas directrices de esos filósofos y demagogos son una clara visión de la vida, o sólo sigue siendo la continua huida de nosotros mismos, porque no nos soportamos?

Del amor al prójimo (Nietzsche)

«Siempre os interesáis por el prójimo, y para justificaros tenéis muy buenas palabras. Pero yo os digo que vuestro amor al prójimo es vuestro mal amor a vosotros mismos.

Las ideologías estructuran la mente a ser la cuadrícula exacta que la letra escrita indica. Todos los seres humanos estamos dentro de la red cuadricular. Cuando alguien logra romper los rígidos barrotes de los convencionalismos, ruge la ira y llora la desesperanza del mundo concebido como real.

Huyendo de vosotros mismos buscáis a vuestro prójimo y quisierais hacer de ello una virtud; pero yo veo muy claro a través de vuestro "desinterés".

¿Os aconsejo acaso el amor al prójimo? Antes os aconsejaría la huida del prójimo y el amor a lo lejano.

Por encima del amor al prójimo está el amor a lo lejano y futuro; para mí vale más que el amor a los hombres el amor a las cosas y a los fantasmas.

No miente solamente el que habla contra su conciencia, sino aún más el que habla contra su inconsciencia. Y así habláis vosotros de vosotros mismos con los que tratáis y os servís de vosotros mismos para engañar al vecino.

Y dice así el loco: "El trato de los hombres estropea el carácter, sobre todo cuando no se tiene ninguno."»

Reflexión sobre Nietzsche

Friedrich Nietzsche me producía mucho daño en mi adolescencia, ahora me sirve de consuelo, porque fue otro hombre que vio la realidad ingrata y su espíritu se atormentó al ver al bicho más insolente, enrevesado y falso, de la creación. Era inevitable que hiciera daño a mi educación religiosa, aprendida de memoria; a mis esquemas, a mi ideología llena de defectos y de hipocresía. Y aunque era un rebelde y quería expulsarla de mi mente, incluso así, Nietzsche me hacía daño. Ahora, cuando mi mente es más libre de todo condicionamiento ideológico y soy dueño de mí mismo, puedo asimilar la personalidad de Friedrich y entender su postura subjetiva

Nada hay más doloroso que la lucidez. Cuando vemos con nitidez el comportamiento mezquino de la naturaleza humana, se conmueven los cimientos del corazón y se forma la inconsciencia subjetiva, como embrión, para nacer con fuerza y poderío en el estercolero de la vida. Y brotan las semillas del entendimiento y las secan los rayos inhumanos y una de ellas se hace vigorosa, un enorme árbol donde se posarán las generaciones a observar, sobre sus ramas, el horizonte infinito.

sin que me afecte. Su obra brota del odio hacia toda la sociedad hipócrita y a la iglesia en particular. Me consuela muchas veces en mi sufrimiento, cuando me siento agresivo y odio a esta sociedad que es, en muchos aspectos, peor que la del siglo pasado. Las cosas pueden ser de mil maneras y hemos elegido la peor. No hemos mejorado, seguimos siendo los locos, hipócritas y monstruosos humanos de siempre. Muchas veces quisiera ser ciego, sordo e ingenuo humano, para no sufrir la horrorosa decadencia de mí mismo y de la masa aborregada. Quiero descubrir la verdad para curarme del espanto de tanta mentira, farsa, fingimientos... Es una búsqueda por la libertad con todas sus consecuencias. Aspiro a conocer mis reacciones profundas y mis grandes engaños para crecer en la autenticidad de mis verdaderos impulsos nobles y naturales. Soy quizá un chalado y un inmaduro, a los ojos razonables de la sociedad, pero no me importa ser etiquetado por una mentalidad caduca. Ellos juzgan y también son juzgados, y lo malo es que por su culpa todo puede irse a hacer puñetas.

> Todos los seres humanos que han encontrado en sus progenitores la riqueza de las emociones nobles, deben sentirse como verdaderos privilegiados. Es una suerte que la viva emoción del amor dé una oportunidad a los tiernos cerebros que nacen como verdes brotes dispuestos a desplegar su potencial creativo.

Hoy día, por falta de capacidad y de tiempo, las personas no saben lo que son ni lo que sienten y se ven sumergidos, sin apenas darse cuenta, en el escepticismo nihilista subjetivo desde donde tampoco se puede conocer la verdad objetiva.

Nietzsche fue uno de los hombres que se apartó del mundo de la realidad y dejó brotar, con toda su buena voluntad, el manantial de su subjetividad para crear otro mundo de valores superiores. La mentira de la realidad creó en él un estado de ánimo especial para perder de vista el sentido absurdo del mundo inhumano, de la moral decadente.

Los amargos desengaños y profundos sufrimientos los padecen los seres sensibles, muy humanos, que buscan la verdad auténtica con todas sus consecuencias. Sin miedo investigan para llegar al fondo de las cuestiones, pero se corre el peligro de la pérdida de la razón, por el exceso de odio y rabia hacia la bestial inhumanidad. Nietzsche murió demente, expuso demasiado de sí mismo para destruir la prepotente mentira de la razonable y puritana verdad de su tiempo y crea lo «irracional» para desbancar la primacía de la razón como reguladora de la naturaleza y la actividad humana. *«Si la razón de una sociedad enferma a ésta, hay que encontrar otras razones por muy irracionales que parezcan para que ésta evolucione en el equilibrio y la verdad.»* Lo que Nietzsche ignoraba era la verdad profunda de sí mismo. Percibir sus emociones. La clarísima gama de niveles

> La vida superficial y enloquecida de hoy día trastorna el impulso de las emociones y desgasta la capacidad de amar profundamente. Las preocupaciones egoístas no crean vínculos de afectividad, sólo crean vacíos existenciales.

mentales, sus estados de ánimo (el odio, el amor, la ira, la envidia, la depresión...) y sobre todo saber entender que la mente es como un enorme recipiente que responde en función del pensamiento. La cultura del pensamiento es milenaria y quien sabe de ella puede controlar su vida con total independencia. Él se perdió en su convulsiva mente, para dar a luz el «nihilismo» y la transformación de la sociedad del futuro.

El hombre actual se ha contagiado de un nihilismo mediocre, bestial, embrutecido, destructor de las realidades y los valores más cercanos e íntimos, a cambio del valor supremo del dinero. El hecho más horripilante es el vacío de valores, sin un sistema de vida capaz de encontrar el valor supremo, que es el goce de la propia vida con las demás criaturas. La armonía del cuerpo y de la mente, funcionando al unísono hacia objetivos nobles como es la construcción del SER para la evolución.

La atmósfera mental recorre a velocidad de vértigo todas las capas de las sociedades del mundo. El peligroso «nihilismo materialista interesado» está en los gobiernos, en las empresas, en las familias, en los colegios..., en las profesiones que requieren profundos humanistas (profesores, médicos, abogados, religiosos, falsos poetas...). Son aquellos que ni buscan, ni aman la verdad y se arriman a los que más les conviene. El hedonismo, el consumismo, la falta de disciplina, la permisividad... son su forma subjetiva más evidente. Y, es curioso, la mayoría no conocen a Nietzsche ni saben de su filosofía. Yo tampoco le conocía profundamente y mi forma de vivir en el vacío fue por pura iniciativa personal, pero con mucha influencia del «inconsciente colectivo» nihilista que impera en la sociedad actual. ¡Parece mentira cómo nos sugestionamos los unos a los otros!

«El pensamiento es una acción auténtica. Es una fuerza dinámica. Es muy contagioso, más contagioso que la gripe.»

SWAMI SIVANANDA

Toda mi estructura mental es muy dura de disolver. Ahora necesito muchas energías y esfuerzos para liberarme de las razones nihilistas e irracionales porque están enraizadas en mí, como lo estuvo la enrevesada ideología católica. Los pensamientos que se siembran en nuestra mente arraigan y crecen si le damos atención. Por esa razón es necesario seleccionar cuidadosamente el tipo de vida que elegimos. Esta elección en la infancia es imposible y vemos cómo los niños del mundo absorben las ideologías que los distintos sistemas quieren para ellos y les marcan para toda la vida. Y así se conciben sociedades libres o sometidas a los condicionamientos sociales. Nietzsche creó una ideología filosófica que hay que saber contemplar desde el origen de su proceso, para entender el porqué de su existencia. Y aunque me identifico con él en muchos aspectos, todas las teorías filosóficas que surgen del odio, hay que mirarlas con «lupa», porque son portadoras de simientes negativas para la evolución armónica no violenta.

El vacío no existe, es otra forma de concebir la vida; los seres humanos estamos llenos tanto física como mentalmente y eso lo sabemos todos aquellos que hemos despertado al profundo movimiento interior, donde se manifiesta el silencio y la paz profunda que llena de satisfacción y alegría. Existen muchos impedimentos para lograr la realización plena; uno de ellos es la mentalidad escéptica y materialista, que irrumpe continuamente en forma de pensamientos emotivos, destruyendo la tendencia natural, mental y espiritual.

> La voluntad de poder se manifiesta en los seres humanos como un signo inevitable de la feroz competencia y el consumismo.
> Sólo aquellos que logran desplegar las alas del SER son libres de los condicionamientos negativos del signo de los tiempos.

Yo he tenido siempre, y según Nietzsche, una «moral de esclavo» en parte, porque mis valores más importantes son la compasión, la humildad, la amabilidad..., y todo eso según él es todo lo contrario a como hay que ser. Hay que asumir la moral de los señores, que es una moral activa, creadora, que implanta valores determinados por el que tiene voluntad de poder. Ser bueno o malo es sinónimo de despreciable. Es despreciado el cobarde, el miedoso, el mezquino, el utilitario, el desconfiado, el que se rebaja a sí mismo, el que se deja maltratar, el adulador, el mentiroso... Es aristocrático el hombre que se siente a sí mismo como determinador de los valores y defiende la autoglorificación. Nietzsche concibe su filosofía desde una perspectiva muy personal no exenta de razones profundas.

¿Qué es la vida? La vida es voluntad de poder.

La religión cristiana la justifica Nietzsche como una razón vulgar, decadente, alienante... ¿Por qué? ¿Cuál es la circunstancia que le lleva a pensar todo esto? ¿Es el superhombre su máximo ideal? Teresa de Calcuta, Francisco de Asís... ¿podrían ser modelos de supermujer y superhombre para él?

... El cristianismo es la venida del pesimismo... de los débiles, de los inferiores, de los tristes y de los oprimidos...

Y fijaros lo que dice Teresa de Calcuta.

«¡La alegría es la fuerza!

Los pobres se sentían atraídos por Jesús porque una Fuerza Superior habitaba en Él y salía de Él, emanaba de sus ojos, de sus manos, de su cuerpo, totalmente libre y presente a Dios y a los hombres.

Mi casa es la de los pobres. De aquellos que no van a rezar, puesto que no pueden salir desnudos a la calle. De aquellos que ya no comen porque no tienen fuerzas. Que no lloran porque ya no tienen lágrimas.

Sabemos que este mundo, que parece tan seguro de sí mismo, duro y arrogante, necesita de un corazón. Nosotros queremos llegar a ser el corazón lleno de amor de este mundo.

Somos pequeños instrumentos, ¡pero muchos pequeños instrumentos en las manos de Dios pueden hacer milagros!

Ni siquiera Dios puede llenar un corazón que está ya lleno de odio, soberbia... Debemos renunciar a esas cosas.»

¿Aceptaría Nietzsche al Dios de Teresa de Calcuta como el nacimiento de un nuevo alborear del Dios verdadero a principios del siglo XXI, con la esperanza de los valores eternos?

Él quiso destruir al Dios donde se asentaba la odiosa civilización occidental, porque significaba la caída de la farsa social en su totalidad (moral, religión, filosofía...). La muerte de Dios es dramática para muchos seres humanos, porque es la destrucción y la total aniquilación de los valores de un mundo que a la vez tiene su fe y su esperanza en ellos. El nihilismo ocupará de una forma negativa ese espacio mental y la expresión del poder del hombre para emerger de sí mismo con voluntad fuerte y robusta. La angustia de vivir en el vacío empuja al ser humano para ver un nuevo día. La muerte de Dios es como un eclipse, el suceso último de la humanidad y el principio de una nueva historia de nuevos valores. Para Nietzsche Dios ha muerto porque le hemos asesinado. Este hombre, en el fondo de su SER, creía en Dios como manantial de superhombres y supermujeres de gran humanidad, necesarios para la salvación del mundo, practicantes de las verdades de la vida. Exentos de falsedad y fingimientos. Seres humanos íntegros, auténticos del SER. La muerte del hombre interesado del TENER y su horripilante farsa es necesaria para que vuelva la esperanza al mundo gris, desencantado y triste. Es necesario que muera para limpiar la imagen de la verdad y el equilibrio del planeta entero.

Vivir en la verdad y de la verdad conduce a la vida plena, profunda, repleta de esfuerzos..., donde caben todas las posibilidades. La diversidad auténtica y su camino nos llevarán al mismo lugar adonde todo va a parar. El misterio de la vida. Llámale como quieras: Dios, energía, cosmos, Yavé, Alá... Él es esa atracción que todos llevamos dentro. La alegría. La esperanza y el sentido de vivir.

Fijaros lo que dice Thich Nhat Hahn.

Nació en Vietnam en 1926 y fue ordenado sacerdote budista en 1942 a la edad de dieciséis años. Ocho años más tarde fue uno de los fundadores del que iba a convertirse en el centro de estudios budistas más importante del sur de Vietnam.

Un cerebro es la medida de su capacidad. Cada ser humano percibe la realidad en función de sus conocimientos. Nadie ve lo mismo, ni nadie huele igual. Si has tratado con diversas personas, ellas te ven en la medida de su limitada visión y tú los percibes con el límite de tus conocimientos.

INTERSER

«*Si eres un poeta podrás ver sin dificultad la nube que flota en esta página. Sin nubes no hay lluvia, sin lluvia los árboles no crecen y sin árboles no se puede fabricar papel. Las nubes son imprescindibles para que exista papel. Si no hubiera una nube tampoco habría una página, de modo que podemos afirmar que la nube y el papel interson. "Interser" es un término que todavía no está en el diccionario; si combinamos el prefijo "inter" y el verbo "ser" obtendremos un neologismo: "interser".*

Contemplemos de nuevo la página con más intensidad y podremos ver la luz del sol en ella. Sin la luz solar, los bosques no crecen. En realidad, sin la luz solar no crece nada, así que también podemos afirmar que ella está en esta página. La página y la luz solar interson. Si seguimos mirándola podemos ver al leñador que taló el árbol y lo llevó a la factoría para que lo transformaran en papel. Y veremos el trigo. El leñador subsiste gracias al pan de cada día, y por tanto, el trigo que más tarde será su pan también está en esta hoja de papel. A su vez están el padre y la madre del leñador. Mirémosla bien y comprenderemos que sin todas estas cosas la página no existiría.

Si contemplamos aún con mayor profundidad, incluso podemos vernos a nosotros mismos en esta página. No resulta un proceso muy difícil porque mientras que la miramos, forma parte de nuestra percepción. Vuestra mente y la mía están ahí. No falta nada, están el tiempo, el espacio, la tierra, la lluvia, los minerales y el suelo, la luz solar, las nubes, los ríos, el calor. Todo coexiste en esta página. Por eso considero que la palabra "interser" debería figurar en el diccionario. "Ser" es "interser". Sencillamente,

---

Sólo los seres humanos que viven la realidad positiva son capaces de despertar en los demás deseos de poner en práctica la más difícil de las realidades la construcción de un mundo entusiasta, alegre y feliz.

Es posible, porque, a pesar de todo, la vida nos ofrece muchas oportunidades.

---

es imposible que "seamos" de forma aislada si no "intersomos". Debemos interser con el resto de las cosas. Esta página es porque, a su vez, todas las demás cosas son.

Supongamos que intentamos devolver un elemento a su origen. Así, imaginemos que devolvemos al sol la luz solar, ¿sería posible la existencia de esta página? No, nada es posible sin la luz solar. Tampoco tendremos página si devolvemos el leñador a su madre. La existencia de esta página implica la de todo el universo.»

CAPÍTULO IV

VAGABUNDO Y MENDIGO

El ser que quiere entender la vida desde sus raíces y busca la profunda autenticidad, manifiesta odio y censura hacia todas aquellas afirmaciones falsas del entramado social. Lo normal es reaccionar con profundo resentimiento cuando se descubren las engañosas orientaciones educativas y sociales. Si no se tiene una base mental de pensamiento y valor humano capaz de transformar esa realidad de sentimiento profundo, se cae fácilmente en la potente corriente de las emociones y nos hacemos esclavos de nosotros mismos. Cuando Jesús decía «amar a vuestros enemigos» estaba declarándose en Él el profundo dominio de sí mismo. Lo normal es responder con odio a las situaciones que otros generan desde la mentira de su propia farsa de vivir. Lo ordinario es la continua alteración por falta de convencimientos profundos en las emociones positivas. El SER que evoluciona interiormente se fortalece en la convicción de ESTAR en un nivel de conciencia superior.

La pereza, la depresión, la ira, el odio..., la diligencia, la euforia, la templanza, el amor... todas estas emociones viven dentro de nosotros y conforman todo lo que es el SER HUMANO. SER es caminar hacia el conocimiento y la integración total. Perder el equilibrio y morir reventado por las emociones negativas es muy fácil; vivir dándonos la oportunidad del equilibrio es una tarea diaria del conocimiento profundo de uno mismo. Una vez que se entra en este camino todo se vuelve investigación sistemática.

A veces pienso que todo está codificado, escrito en algún lugar como la información genética. Los grandes maestros fueron insignificantes humanos de carne y hueso (Jesús, Buda...). ¿Por qué alcanzaron la cima del protagonismo más asombroso, sin pretenderlo?

Nuestro mundo interior es de una complejidad asombrosa y quien desarrolla la capacidad de verse se da cuenta del ilusionismo mental que nos acompaña y nos hace ver y sentir la vida de distintas formas. Los seres que tienen la suerte de estar sumergidos en la emoción del amor, ven la vida desde el optimismo y la acción, y se crean en ellos capacidades que les hacen superar todas las adversidades con carácter y empuje.

La pérdida de los valores más importantes y profundos de la vida, por el desconocimiento y la desorientación, produce un desencanto total y el triunfo de lo negativo. Hay seres que odian profundamente a la sociedad. Los seres humanos se apartan de sus semejantes, como si huyeran de una infección, con verdadero odio. No soportan tanta necedad y estúpidos comportamientos, y se hacen enemigos profundos de la decadencia negativa. Inequívocamente ellos también han contraído la enfermedad del odio y se hacen insolidarios y neuróticos en todos sus comportamientos.

El conocimiento y el control son efectos beneficiosos para sintonizar con nuestros propios límites. Somos lo que pensamos y sentimos, pero podemos ser mucho más, si no nos fiamos de los condicionamientos mentales. La realidad es mucho más vasta de lo que un limitado cerebro humano pueda concebir. Infinidad de veces, nuestra mentira consciente y nuestra farsa inconsciente nos hacen monstruos colaboradores del sistema corrompido. La podredumbre del SER causa reacciones en los seres más auténticos y éstos se cargan de odio e indiferencia hacia la degradante realidad humana.

¿Por qué Friedrich Nietzsche murió demente? ¿Por qué su impulso interior lleno de odio para crear algo nuevo y superior que salvara a la sociedad del enemigo de la autenticidad de SER HUMANO? ¿Por qué odiaba a la Iglesia con todas sus fuerzas? ¿Acaso Friedrich fue víctima de la decadencia más espantosa de su tiempo? Lo fue, y ella creó en él una obsesión destructiva, que le impulsó a ir en contra de la razón como reguladora de la naturaleza y de la actividad humana. ¿Es la razón del ser humano consecuencia de su profunda farsa? ¿Es posible que la única

> Dicen que «la paciencia es la madre de las ciencias».
> La vida, si no se vive con ciertas dosis de conformidad y de resignación, se vuelve contra nosotros en nosotros mismos. Si no entendemos que tenemos que buscar sentido, la ignorancia se apoderará de nosotros y nos hará perder los nervios y la vida.

visión sea la razón económica? ¿Este mundo falso no vale nada y por esta razón tiene que existir otro mundo «verdadero»? ¿Qué hace al mundo verdadero o falso? ¿Es la propia mente la que crea la realidad del mundo humano? Efectivamente la realidad del mundo la impulsa su mente. Es evidente, y lo estamos viendo en profundidad, que nos encaminamos hacia la destrucción de la verdadera autenticidad del SER HUMANO, convirtiéndonos en el desperdicio de su terrible farsa, pero todo forma parte de su transformación.

> Ocuparnos de los demás es lo más gratificante de la vida. Hoy día, por lo general, tendemos más a ocuparnos de nosotros mismos, de nuestros caprichos, de la adorada imagen, de nuestros egoísmos...

Francisco Bermejo

«Tanto tienes, tanto vales», decía la esencia de la sabiduría de aquel vagabundo que reclamaba de los transeúntes unas monedas para vivir. Él sabía que carecía de valor para todo el mundo porque no tenía nada, sólo lo que llevaba puesto, un bolígrafo y un diario donde anotaba sus vivencias. Aquel hombre era muy humano, sensible: era poeta, la conciencia viva de una sociedad muerta, dormida..., preocupada sólo por el protagonismo interesado, y la bestialidad de las emociones como manifestación normal de la existencia. Él era el ojo que veía la realidad monstruosa, uno de los pocos que sabía apreciar a sus semejantes y percibía en ellos algún que otro rastro de esperanza. La sed, el hambre, la necesidad de oxígeno para su aliento de vida... sus necesidades. Sabía apreciar con intensidad el agua que bebía, el pan cuando comía, el aire que respiraba, la lluvia... El frío del corazón de los humanos, y del crudo invierno, congeló muchas veces sus entrañas y estuvo a punto de morir de cuerpo y alma. Al fin y al cabo, las inclemencias del tiempo eran males pasajeros, pero la maldad humana era insoportable y tuvo que vencerla con el convencimiento de la diversidad, y ahí encontró otros aspectos de la vida. Supo ver y descifrar la gran mentira y la apariencia social más destructiva. Y se reía de las miradas y las voces del interior malévolo. Sabía de los gestos y los sonidos, más allá de las palabras. Era un gran sabio que quiso investigar por qué Jesús adoraba a los más pequeños, y quiso entender el significado de sus palabras: «los últimos serán los primeros». Quiso convertirse en el último para saber más de la arrogancia, la soberbia, la prepotencia..., y sentir en sus propias carnes y en su alma la dureza de la brutal conducta de los seres humanos poderosos hacia los más débiles y desposeídos.

> Cada ser humano es un misterio. Su apariencia física, sus gestos nos hablan de la persona que hay dentro. Nunca se podrá conocer al ser humano en todos sus aspectos. Las palabras y los nobles sentimientos nos guían, pero los hechos y las acciones son los que determinan la solidez del SER AUTÉNTICO.

Él pertenecía ya al mundo marginal, y su existencia estaba condicionada y etiquetada a la insignificancia. ¿Qué es un vagabundo para la clase elitista, para la clase media e incluso para los ciudadanos de tercera y de cuarta categoría? Él estaba fuera del juego de las categorías; así lo pensaba y sentía, quería vivir al margen de la fragmentación social más indignante, y era digno de lástima, por parte de aquellos que nunca supieron verse a sí mismos y reconocer su ficticia y pétrea estructura mental. Encarnar aquel papel en el escenario de la vida no era fácil, porque a pesar de todo seguía siendo humano. Si hubiera sido posible transformarse en animal, se habría liberado, pero de una forma o de otra, la estructura mental de clase de sus semejantes y la falta de respeto y aprecio por la naturaleza entera, no le iban a dejar tranquilo. Con lo fácil que hubiera sido ser como todo el mundo: normal, con ambiciones por conseguir un buen puesto social, pero no... se empeñó en ser diferente, SER ÉL MISMO, y lo iba a pagar muy caro. La ley social no perdona a los que no se construyen un poderoso y competitivo EGO capaz de adaptarse a la tribu dominante.

> El desafío más grande de los seres humanos es el control de sí mismos y comprender que su vida es la vibración continua que motiva ondas que afectan a todo cuanto les rodea. Un humano bueno crea profundas emociones de equilibrio y paz para su entorno.

Francisco no tenía nada, sólo poseía una mente lúcida y analítica capaz de traspasar los convencionalismos y las apariencias del mundo trepidante, porque sabía que nada permanece para siempre. Todo evoluciona, se transforma, y los seres humanos formaban parte de un proceso desconocido y misterioso. Las estructuras vivas sólo pueden existir si hay una continua transformación. Su mente entendía los conceptos fundamentales del ser auténtico desvinculado totalmente del obsesivo y patológico entendimiento de la generalidad de los seres humanos de su tiempo, atrapados en el propósito único de TENER y GASTAR.

Verdaderamente el riesgo de locura era evidente y los peligros reales. Era un reto para él, una inmolación de su propia vida para demostrarse a sí mismo del engaño y la enfermedad de los aparentes cuerdos, frustrados e insatisfechos ciudadanos. Nadie iba a entenderle, era lógico: ¿cómo se puede entender la velocidad como algo distinto del tocino? Pero era evidente la confusión, todos confundían la velocidad con el tocino y rodaban por la vida sin orden ni concierto interior, con aberrantes prejuicios y desconocimiento.

> Abrir los ojos en todas direcciones nos sirve para captar todos los mensajes. Lo malo se nos pega como sanguijuelas que nos chupan lo bello que vivimos y pensamos. Tenemos que estar atentos a los mensajes y a los hechos para desentrañarlos y protegernos.

No todos los vagabundos eran seres tan extraordinarios como él; todos sabemos que existen humanos que son verdaderas alimañas, llenas de odio, peligrosos delincuentes, asesinos... Pero aquel hombre tuvo suficiente valentía para arriesgarse, merecía la pena salir del montón ingrato. De todas formas, los asesinos andaban sueltos por todas partes.

«Si no te matan el cuerpo, te matan el alma con el refinamiento y la sutileza del más sofisticado de los egoísmos», decía.

Quiso ver, analizar desde la lucidez mental, sabiendo que tenía los pies en la tierra. Él solía decir: *«Los que de verdad están en las nubes son aquellos que todas las mañanas se levantan con tres ideas en la cabeza: comer, follar y joder a los demás para ganar dinero y obtener bienes materiales como única salida a la frustrada decadencia de la ceguera mental.»*

Él sólo necesitaba unas monedas para vivir, salud y capacidad de observación para poder analizar profundamente las razones de la decadencia social.

La esperanza está en el pensamiento y las acciones buenas.

Las acciones buenas son pensamientos constructivos que motivan a cambiar de actitud.

La vidas ejemplares se graban en el pensamiento de las generaciones, regenerándolas.

Aquella experiencia le dejó marcado. Él era el último en la escala de valores mercantiles y sociales. Sabía bien lo que pensaba y decía..., pero ¿a quién podía interesar la experiencia de un vagabundo? Se necesitaba mucha carga de importancia, tener mucho dinero para poder ejercer algún tipo de influencia en el mundo. Él estaba al margen de la otra auténtica verdad humana: TENER. Todos tenían más que él y así se lo demostraban una y otra vez con desprecio. ¿Cómo aquella gente iba a entender la realidad de la vida si las palabras de un sabio vagabundo iban a ser rechazadas? ¿Quién era aquel vagabundo tan lúcido que desafiaba a la intemperie y a una sociedad ignorante, olvidadiza, resguardada en las apariencias y en los intereses de clase? Una sociedad que soñaba y no se daba cuenta que sus sueños eran dinero y bienestar perezo-so. Sus afectos dependían del dinero. La salud era dinero... Y su ser, lo más profundo, estaba enmaraña-do por la necesidad del dinero. ¿Qué posibilidad había de ser consciente del porvenir que les esperaba? Por otra parte todos estaban presos de las necesidades y tenían que ganar, sólo ganar, sin tiempo para pensar. Si uno percibe el desastre se prepara para afrontarlo cambiando de actitud. ¿O sabían demasiado y trata-ban de evadirse de la realidad? Francisco estaba desa-fiando al mundo con descarnada verdad. Muchos desafían a la naturaleza, subiendo por empinadas paredes de montañas para alcanzar su cima, o se embarcan en aventuras para superar los récords ya establecidos. Francisco se había hecho vagabundo para ver el mundo desde la necesidad, con una pers-pectiva de mínimos. Algún motivo tendría y quizá fuertes convicciones para pensar que no estaba equi-vocado de la deshumanización del mundo. La evi-dencia del desierto interior de los seres deshumaniza-dos se lo recordaban las palabras de Jesús:

«Los últimos serán los primeros»; la autenticidad del ser ya no estaba en los gobiernos, ni en las clases elitistas, ni en los ciudadanos «normales». El SER estaba muriendo asfixiado por la ignorancia del TENER y Francisco lo sabía, lo había descubierto en sí mismo, él era en gran parte arena del desierto y cambió su vida, descubriendo un oasis, y así pudo entender el mensaje auténtico del amor. Los senti-mientos nobles sólo los poseen los más humildes, los ingenuos, la gente de bien, los que siguen teniendo un corazón confiado a pesar de la desconfianza general, y

descubrió el mundo emocional como puerta de entrada al reino de los cielos aquí en la Tierra. Los lazos afectivos se tejen en el intercambio de emociones nobles y en la pérdida del miedo a amar. Pero estas condiciones sólo se dan en seres humanos humildes y confiados que saben de sus límites mentales y se educan y disciplinan en la virtud, para entender la inmensidad. ¿Cómo va a saber un burro lo que es un caramelo? Y hay burros que se empeñan en percibir el caramelo y llegan a saborear su esencia. Éstos son seres evolucionados que están conectados con las leyes del equilibrio universal a través de los valores humanos. Francisco saboreaba hacía tiempo el convencimiento y la posibilidad de la paz, el silencio y el equilibrio, siendo consciente de sus emociones. Y así lo entendió. Hizo de su odio amor. De su soberbia, humildad. De su avaricia, generosidad... Para ello tuvo que desarrollar su capacidad de percibirse a sí mismo. Entendió sin prejuicios el gran secreto milenario y sabio que encierra el océano de las emociones. *«Quien sepa percibir, que perciba».* Jesús decía: *«Quien tenga oídos para oír, que oiga.»* Nadie como Jesús sabía que la salvación del ser humano no estaba en los razonamientos, se encontraba en las emociones, porque son ellas las que destruyen al hombre. Una

Una sabia mirada hará resplandecer lo que estaba solamente dormido. El mundo egoísta nos absorbe y nos envuelve con su mentira.

La imaginación y los intereses de unos pocos crean el mundo atrayente y ficticio donde navega la superficialidad.

Los seres humanos íntegros deslumbran y convencen sólo con su presencia.

pistola se crea con la razón y se dispara con la emoción negativa del odio. El odio arma, destruye. El amor desarma, une. Jesús bien lo sabía y para crear el germen de su movimiento no violento quiso convencerse profundamente de la emoción noble que le profesaba su amigo y discípulo Pedro.

Después de comer, Jesús preguntó a Pedro:

—Simón, hijo de Juan, ¿me amas más que éstos?

Pedro le contestó:

—Sí, Señor, tú sabes que te amo.

Los lazos afectivos son la salvación del mundo, es indudable, y Francisco Bermejo lo sabía y se le unieron doce compañeros más. ¿Qué me recuerda a mí esto? Me recuerda a Jesús y sus doce discípulos, también a San Francisco de Asís y sus doce discípulos. Pero Francisco Bermejo, ¿qué pretendía? ¿Recordar los viejos tiempos? ¿Recuperar la vieja y milenaria utopía olvidada por razones de peso mercantil?

> La desconfianza nos hace perder la batalla diaria de la conquista de nosotros mismos. El escepticismo es consecuencia de la mentira y el engaño. Sólo la verdad nos da sentido. Si vivimos desde dentro nuestra experiencia vital, en presente, todo será rico y hermoso: tendrá sentido.

«¡HAY QUE REINVENTAR LA VIDA!», repetía una y mil veces. «¡HAY QUE REINVENTAR LA VIDA PORQUE LA ESTAMOS HACIENDO INSOPORTABLE!»

«*El ideal de Francisco Bermejo brillaba con resplandor y a su grupo se le unieron más gentes necesitadas de verdad. La hermandad se diseminaba a lo largo y a lo ancho del país. Por todas partes, los pueblos y las aldeas, veían llegar a estos alegres compañeros vestidos de tela burda que cantaban a voz en grito o hacían piruetas para llamar la atención de la gente y anunciarles la buena nueva. Parece oírse el tamboril del ejército de salvación. Mendigaban el pan, ofreciendo los brazos a cambio. No aceptaban dinero y se alojaban donde podían y no eran raras las noches que pasaban al raso.*

La gente se acostumbraba a ellos. Tanto si eran bien recibidos como si no, hablaban de la liberación del Homo Economicus. Eran los profetas de un mundo nuevo en el que el desprecio por las riquezas y la pasión por el mensaje liberador de Jesús, cambiaban la vida y traía felicidad a todos. ¿De qué servía escuchar a aquellos extraños y perfectos intelectuales y políticos cuyo lenguaje resultaba incomprensible? La simplicidad de la vida era lo que Francisco proponía. Era necesario entender la vida desde el SER.

Los inicios de esta actividad atraían a la gente

Las mentes cerradas a otras realidades nunca podrán percibir ni conquistar otros territorios. Para crecer hay que tener la necesidad de crecer y así despertamos capacidades cerebrales capaces de asomarse al extraordinario mundo subconsciente, oculto y misterioso. La realidad es amplia, extraordinaria e ilimitada.

necesitada de auténtica verdad. Todos los años doblaba el número de hermanos procedentes de los cuatro puntos cardinales, y algunos de ellos con el tiempo desempeñarían destacado papel en una de las más grandes aventuras de las ideas de Jesús. Más sensibles aún que los hombres a la llamada del interior, las mujeres buscaban la paz interior amenazada por un mundo propenso a la violencia. La luz de Francisco se esparcía por las primeras "Casas de Paz" de mujeres enamoradas de Jesús. Cánticos de alegría se propagaban por todos los rincones y la gente necesitada hallaba consuelo y refugio en la orden de Francisco Bermejo, otro San Francisco de Asís surgido de las cenizas de la sociedad.»

San Francisco de Asís existió y Francisco Bermejo son mis sentimientos nobles. ¿Qué diferencia existe entre uno y otro? San Francisco de Asís era un hombre de interior profundo, y Francisco Bermejo, también; los dos son personajes que pertenecen al SER PROFUNDO. ¿Existe hoy día la posibilidad de que surjan hombres comprometidos como San Francisco? ¿Qué está pasando en nuestros cerebros que pierden capacidades para ver el interior y percibir la fuerza de la posible existencia de lo sobrenatural? ¿No será que estamos todos vacíos y la verdad del desierto avanza a un ritmo inquietante?

El ser humano actual está creando un duro caparazón de convencimientos razonables y superficiales y abandona la auténtica revolución del interior. Si no existe la capacidad para vernos a nosotros mismos,

¿cómo vamos a percibir la posible existencia de otras verdades?

Me apasiona pensar que San Francisco de Asís existió, como otros grandes hombres y mujeres. Me alegra que en este siglo se siga manifestando el espíritu del SER profundo en otros seres humanos, porque con ellos vendrá la salvación de nuestro planeta y una nueva era nos inundará de paz y alegría. Confiemos en ellos, que son la esperanza.

El mendigo voluntario
(Friedrich Nietzsche)

Nietzsche, como dije en el capítulo anterior odió a la sociedad del siglo pasado con todas sus fuerzas y aprendió a ver en los animales los auténticos herederos del cielo en la tierra. Ellos son diferentes a nosotros, son obedientes a las leyes de la naturaleza, siguen sus profundos dictados y no dejan huellas históricas de protagonismos decadentes. Hoy se odia a los seres humanos y se ama más que nunca a los animales. ¿Por qué esta tendencia? De sobra lo sabemos, estamos infectados de intereses, envidiamos con fuerza y nos odiamos sin saber las terribles consecuencias. Hemos transformado el «amar al prójimo como a nosotros mismos» en «odiar al prójimo como a nosotros mismos». El mandamiento de salvación lo hemos convertido en aberrante emoción negativa y bloqueo mental. Nos entrenamos todos los días en el egoísmo y el desprecio y la indiferencia enfermiza hacia los demás, y buscamos la soledad y el aislamiento para encontrar otro sentido que no sea el infecto mundo de los humanos.

«...*Ya estoy menos solo; presiento que compañeros y hermanos desconocidos flotan en derredor mío; un cálido aliento llega hasta mi alma.*

Miró a su alrededor, buscando a los que le consolarían en su soledad, y vio unas vacas reunidas sobre una altura; su proximidad y su olor habían calentado su corazón. Aquellas vacas parecían escuchar con mucha atención a alguien que les hablase, y no hicieron ningún caso del que se acercaba a ellas. Cuando Za-

Los miserables andan emitiendo su voz, informando. Son mitos. Poderosos comunicadores, que se alzan con poder normal sobre la masa simple acostumbrada a sus voces. Siempre son los mismos. Año tras año, han conseguido adherirse al oído como ventosa inútil.

ratustra estuvo muy cerca oyó claramente una voz humana que salía en medio de ellas, que todas miraban fijamente a su interlocutor.

Zaratustra se apresuró a acabar de escalar la altura y dispersó a los animales temeroso de que hubiese ocurrido a alguien una desgracia, que la compasión de las vacas difícilmente podría remediar. Pero se había equivocado, porque sentado en el suelo estaba un hombre que parecía querer convencer a los animales de que no le temieran, un hombre pacífico y predicador de montañas, cuyos ojos predicaban la bondad misma. Estupefacto, le preguntó a Zaratustra:

—*¿Qué buscas aquí?*

—¿Qué busco? —respondió—. Lo mismo que buscas tú, aguafiestas: LA FELICIDAD EN LA TIERRA. Por eso quiero aprender de la sabiduría de estas vacas. Porque has de saber que llevo media mañana hablando con ellas, que ahora iban a contestarme. ¿Por qué lo has impedido?

Si no retrocedemos en nuestro modo de ser y no nos convertimos en vacas, no entraremos en el reino de los cielos. Deberíamos aprender una cosa de ellas: rumiar.

Y en verdad, si el hombre ganara todo el oro del mundo, ¿de que le serviría si no aprendiera a rumiar? Porque no se desharía de su aflicción.

—De su aflicción, que hoy se llama asco. ¿Quién no tiene hoy día lleno de asco el corazón, la boca y los ojos? ¡Tú también! ¡Sí, también tú! ¡Pero mira por favor a estas vacas!

Así habló el predicador de la montaña y después miró a Zaratustra —porque hasta entonces no había apartado su mirada de las vacas—; pero entonces se transformó:

—¿Quién es éste con quien hablo? —exclamó asustado levantándose de un salto.

—Éste es el hombre sin asco; éste es Zaratustra mismo, el vencedor del gran asco; éstos son los ojos, ésta es la boca y el corazón mismo de Zaratustra.

Y hablando así besaba con los ojos arrasados de lágrimas las manos de aquel con quien hablaba, conduciéndose como uno a quien inesperadamente, como llovido del cielo, le cayera en el regazo una joya o un regalo de inestimable valor. Las vacas contemplaban sorprendidas aquella escena.

"No hables de mí, ¡hombre extraño y amable!", dijo Zaratustra esquivando sus caricias. "Habla primero de ti. ¿No eres el mendigo voluntario, el que un día arrojó lejos de sí grandes riquezas; el que se avergonzaba de su fortuna y de los otros ricos y huyó a donde estaban los pobres a fin de darles su abundancia y su corazón? Pero ellos no le acogieron."

"Pero no me escogieron", dijo el mendigo voluntario; "tú lo sabes. Por esto acabé por venir a los animales y a estas vacas."

"Así aprendiste", interrumpió Zaratustra, "que es mucho más difícil dar bien que tomar bien, y que el regalar bien es un arte y la última manifestación artística e ingeniosa de la bondad."

"Sobre todo hoy día", respondió el mendigo voluntario, "porque todo lo que es bajo y ruin se vuelve atrevido, orgulloso de ser lo que es, de clase populachera.

Porque, como sabes, ha llegado la hora del lento y grave levantamiento del populacho y los esclavos, una insurrección que crece y sigue creciendo.

Hoy día se levantan todos los pobres contra lo que es beneficios y pequeña limosna, y los demasiado ricos deben estar prevenidos.

No hay que querer asemejarse a botellas muy ventrudas y de cuellos muy estrechos, tardías en vaciarse: porque se les rompe el gollete de muy buena gana a esas botellas.

Lúbrica codicia, envidia biliosa, amarga sed de venganza, orgullo populachero, todo esto me ha saltado a la cara. No es cierto que los pobres sean felices. El reino de los cielos está en las vacas."

"Y ¿por qué no con los ricos?", preguntó Zara-
tustra para probarle, mientras trataba de alejar a
las vacas, empeñadas en oler familiarmente a su
pacífico amigo.

"¿Por qué no me tientas", respondió éste, "si lo
sabes mejor que yo? ¿Qué es lo que me ha llevado a
buscar a los pobres? ¿No ha sido el asco de nues-
tros ricos?

De estos presidiarios de la riqueza, que, ávidos
de codicia y fría mirada, recogen sus ventajas con
pensamientos de todos los montones de basura, de
esta canalla cuyo hedor llega hasta el cielo.

De esta plebe dorada y falsificada, cuyos padres
fueron gente de encorvadas uñas, asquerosos buitres
o traperos, complacientes con las mujeres lúbricas y
olvidadizas, plebe que casi no difiere de las rameras.

¡Populacho arriba, populacho abajo! ¿Qué sig-
nifican hoy día los 'pobres' y los 'ricos'? Desa-
prendí a distinguirlos y huí lejos, cada vez más
lejos, hasta que encontré a estas vacas."

Así habló el pacifico apóstol respirando con fuer-
za y sudando emocionado por sus propias pala-
bras, y tanto ciertamente que hasta las vacas vol-
vieron a asombrarse. Pero como, a medida que se
exaltaba y sus palabras se hacían más duras, son-
reía más, Zaratustra dijo sin dejar de mirarle fija-
mente y moviendo silenciosamente la cabeza:

"Mucha violencia tienes que hacerte para em-
plear palabras tan duras. Ni tu boca ni tus ojos
nacieron para tamaña dureza.

Y me parece que tu estómago tampoco, porque no
está hecho para lo que es cólera, odio ni rencor que

se desborde. Tu estómago necesita alimentos más dulces; no eres un carnicero.

Más me pareces un arboricultor o uno que se alimenta de raíces. Quizá mueles granos. De seguro no estás hecho para los goces carniceros y gustas de la miel."

"Me has adivinado muy bien", respondió el mendigo voluntario sintiendo aligerado su corazón. "Me gusta la miel y muelo también los granos, porque busqué lo que es grato al paladar y purifica el aliento.

Y también lo que exige largo tiempo y sirve de pasatiempo y golosina a los comodones perezosos y a los holgazanes.

En esto no hay quien aventaje a las vacas, que inventaron el rumiar y el acostarse al sol, así como el abstenerse de toda clase de graves pensamientos que hinchan el corazón."

"Pues bien, dijo Zaratustra, deberías ver también a mis animales, mi águila y mi culebra, porque hoy día no tienen sus iguales en la tierra.

Mira, ése es el camino que conduce a mi caverna; sé mi huésped esta noche, y habla con mis animales de la felicidad de los animales.

Hasta que yo vuelva. Porque ahora me llama a toda prisa y lejos de tí un grito de angustia. En mi caverna encontrarás miel nueva de dorados panales y fresca como la nieve: ¡cómela!

Pero ahora date prisa para despedirte de tus vacas, hombre extraño y encantador, aunque te cueste trabajo, porque son tus mejores amigos y maestros."

*"Exceptuando a uno al que prefiero a todos",
respondió el mendigo voluntario; "y ése uno eres tú,
Zaratustra, que eres bueno y mejor que una vaca."
"¡Vete, vete, indigno adulador!", exclamó Zaratustra indignado. "¿Por qué quieres corromperme
con la miel de tales alabanzas?"
"¡Vete, vete!", volvió a gritar, y blandió su bas-
tón contra el tierno mendigo, que corriendo se puso
a salvo.»*

¡Qué lástima que el nazismo utilizara a Nietzsche
con la idea del superhombre totalmente errónea y equi-
vocada! Nietzsche es el espíritu de la crítica y de la
búsqueda continua de valores.

La sociedad enferma crea resentimiento que unos
canalizan con la escritura y el desarrollo filosófico y
otros, por desgracia, con las bombas.

Nietzsche se esfuerza en hacernos ver que el ser
humano posee en su interior fuerzas superiores, para
vencer la miserable debilidad corrupta. El vasto campo de lo ideal es la esperanza, romper la barrera de la
indignante farsa racional, casi siempre interesada, que
somete a los seres humanos a una limitada e indignante esclavitud.

*«"La gran salud", una salud que no sólo no se
tiene, sino que hay que conquistar y continuar con-
quistándola porque siempre se entrega y tiene que
entregarse... Y ahora, después de haber estado nave-
gando en esta forma, a nosotros argonautas del
ideal, quizá más animosos que prudentes, y después
de haber sufrido y sido víctimas de frecuentes nau-*

fragios, pero, como he dicho, más sanos de lo que se quisiera permitirnos, peligrosamente sanos y siempre de nuevo sanos, quiere parecernos como si en premio tuviéramos ante nosotros unas tierras todavía no descubiertas, cuyos límites nadie ha podido ver aún, un más allá de todas las comarcas y rincones conocidos hasta ahora de lo ideal, un mundo ubérrimo de belleza desconocida, problemático terrible y divino, un mundo tal que nuestra curiosidad y nuestra sed de posesión se arrobaron de tal modo que nunca más, ¡ay!, con nada podrá satisfacerse...»

ELISABETH-FÖRSTER-NIETZSCHE

CAPÍTULO V

DESHUMANIZACIÓN, EGOÍSMO Y DECADENCIA

La deshumanización produce graves consecuencias en nosotros mismos y en los demás. Desintegra todas las posibilidades sensibles, de la existencia noble y constructiva que nos permite desarrollar capacidades cerebrales para la evolución. El hombre y la mujer que no entienden el significado profundo de ser bueno, pueden volverse pesimistas, indiferentes y malvados. Por el hecho de no entender, su mente puede ser propensa a la influencia de sugestiones negativas. No cabe duda que el misterio que nos rodea y nuestra propia ignorancia son motivos de desesperanza. Podemos ver personas, animales, cosas... Las vemos, pero somos incapaces de penetrar para tomar conciencia de lo que son profundamente. Necesitamos analizar la realidad para darnos cuenta de su existencia y no limitarnos a ser materialistas puros, porque eso es lo que nos llega más fácilmente. Somos ciertamente muy limitados y nos reducimos a la nada cuando no tenemos fe ni en nosotros mismos.

Una imagen de la realidad captada con una cámara doméstica es deficiente en definición, pero si se filma la realidad con un potente objetivo y una cámara de alta definición, la realidad se manifiesta con todo su realismo y magnificencia. La mayoría de los seres humanos somos pobres cámaras domésticas incapaces de percibir ni un mínimo la realidad. Nuestra limitada visión la condicionamos más con nuestras dudas, nuestro escepticismo... y perdemos la oportunidad de desarrollar capacidades que nos permitan asomarnos a ese vasto mundo de equilibrio y evolución del que todos somos conscientes en un grado mayor o menor. ¿Es el ser humano el único que ha despertado para entender la realidad profunda de las cosas? Ciertamente hemos sido dotados de una especie de periscopio para adentrarnos en la inmensidad. Nuestra conciencia es como el ojo del cosmos. Los seres humanos dotados de capacidad para profundizar y entender los enigmas nos dicen que ciertamente podemos estar seguros que cualquier rastro de vida tiene sentido en el universo. Todo está unido y entrelazado en causas y efectos que nos orientan y enlazan en la larga cadena de nuestro pasado. Y es verdad, a poco que veamos, todo son acciones y reacciones, causas y efectos. Un grito produce un efecto. Una acción bon-

---

Hemos llegado aquí,
¿pero cuál ha sido el camino?
Después de millones de años
nos encontramos todos
existiendo. ¡Qué curioso y
casi nadie se para a pensar
que es un milagro,
con la cantidad de
probabilidades
de no existencia,
que existe, yo existo!
¡Qué certera coincidencia!

---

dadosa produce otro efecto. Todo está controlado por un misterioso funcionamiento que indudablemente nos arrastra hacia el cumplimiento de leyes capaces de guardar el equilibrio y el orden. Si no creemos en ese misterio y sus leyes, se producen grandes desequilibrios y nos invaden la miseria y la destrucción.

La soledad, la incapacidad de visión, la profunda e inhumana forma de ser del conjunto del mundo... son causas que producen la pérdida del sentido de la vida y la capacidad de percibir otras realidades más beneficiosas. Los seres humanos en su inconsciencia han anulado la realidad de las creencias, influyendo y alienando, de una forma nefasta de pesimismo y materialismo interesado. La deshumanización es un rasgo evidente de la destrucción de la esperanza y la fe, en el sentido misterioso y desconocido de la propia existencia. En ese estado vive el mundo.

> Los prejuicios destruyen y son los causantes de grandes pérdidas de humanidad. Un objeto existe, pero si un cerebro se tiñe de malévolo perjuicio, lo destruye de su mente e incita a los demás a destruir la imagen del objeto. Esto ocurre en la vida, los seres humanos pensamos mal y nuestra existencia es ciega en la ignorancia.

Estamos perdidos, desorientados..., se oyen voces que nos hablan de Dios, del cielo, del infierno..., otras lo contradicen. Se habla de la evolución espontánea, de la no existencia de Dios como creador, de la ciencia como única forma de conocimiento razonado y objetivo. Pero después se censura a la propia ciencia de falsa e interesada. Voces, sonidos, información... nos desorientan. ¿Quién tiene razón? ¿Cuál es la verdad para seguir un camino que como mínimo nos construya y nos dé paz? ¿Todo es válido? Ciertamente, ahora y siempre será difícil ver y entender la causa de la causa y las reacciones de ese encadenado, pero llegará un momento en que la propia evolución despierte a las mentes y les dote de ese ojo que les permita entender el nacimiento, la vida y la muerte, mientras tanto cerremos los ojos y encontremos la paz cierta que hay dentro de nosotros, y seguramente de esta forma nuestros sentidos se agudizarán para percibir y apreciar lo más cercano: primero nosotros mismos para vivir y amar más profundamente lo que nos rodea con sus infinitos matices. Si nuestra estructura interior se destruye por la duda, la desconfianza, el vacío..., es posible que perdamos la oportunidad de conocer mínimamente la aventura del conocimiento y la magnitud de nuestro corazón, de nuestro cerebro, de nuestra mente, de nuestro cuerpo y la pregunta de nuestra inquietud. Los seres deshumanizados no tienen ninguna pregunta ni oportunidad de conocimiento y sólo perciben el mundo como un gran mercado donde todo se compra y se vende sin más categoría que la importancia que da el dinero y el poder de tener y desear. La sensibilidad y el desarrollo integral de estos

> Es difícil para la mayoría indisciplinada cerrar los ojos y dejar de pensar.
> Es difícil para la mayoría desatenta atender a la respiración y entender que es su propia vida.
> Si no se entienden estas cosas simples, ¿cómo podrán entender los misterios y las incógnitas que nos rodean?

seres humanos se manifiesta con carencias graves, sus cerebros no tienen la oportunidad de desarrollar capacidades que no sean puramente gananciales. El mundo ciertamente está embrutecido por hechos vulgares de condicionamientos razonables, mercantiles y de supervivencia; de esta forma la atención se concentra en el hecho evidente y material, y todas las formas que se derivan de él son inhumanas e insensibles, puesto que la propia condición egoísta del ser humano es causa del trazado de leyes que protegen a esa minoría.

> Nuestra presencia física, nuestros gestos... delatan la personalidad que llevamos dentro. No hay nada que se oculte al ser humano que ha desarrollado visión interna y conocimiento. Los rayos de su mente concentrada son capaces de captar el significado de un gesto, de una expresión, de una arruga, de una lágrima, del vacío o el sentimiento.

Es así el mundo mercantil, no hay que dudarlo; sigue las leyes del mal porque condicionan y limitan el mundo a ser sólo una sola cosa: dinero. Y no dan oportunidad a la manifestación de otras formas de vida. Pero estas acciones inhumanas sólo son una anécdota en el tiempo, el poder creativo de la naturaleza va depurando y diluyendo esa infección de la que todos hemos sido contagiados. Ahora desgraciadamente estamos padeciéndola. Pero nosotros, convencidos de que las leyes humanas de maldad son una apestosa enfermedad, somos las defensas que terminarán por erradicar el cáncer social más decadente. Tenemos el poder de la propia evolución universal y nuestros convencimientos.

Egoísmo histórico

Desde el inicio de la revolución industrial el ideal fue: la mayor felicidad para el mayor número de personas y la libertad personal sin trabas ni amenazas. El progreso industrial nunca caminó por ese sendero y los hombres se volvieron dioses, seres superiores, soberbios... El progreso reemplazaría los valores supremos de miles de años de existencia, por un materialismo burgués complejo

Muchas teorías se desarrollan como una consecuencia de los graves problemas que afectan a la humanidad, pero otras son experimentos osados de la ignorancia, que pueden afectar al equilibrio de la existencia.

donde la meta de la vida es la felicidad, o sea el máximo de placer, cubriendo todo deseo o necesidad que una persona pueda tener. Los ricos siempre practicaron el hedonismo total y radical no exento de amargura. Las élites desde épocas remotas trataron de encontrar sentido a la vida en el placer ilimitado. Sólo los Maestros de la Vida en la India, en China... reconocieron la terrible equivocación y optaron por la sabiduría y el desarrollo interior como la única forma de control y encuentro con el equilibrio, la alegría y la transformación del mundo en un bien para todos. Pero parece ser que la inmensa mayoría prefería GANAR, comer, beber, máximos placeres, MÁXIMA PEREZA E IRRESPONSABILIDAD... para cumplir el dicho totalmente materialista de «comamos y bebamos que mañana moriremos», quizá porque siempre fue más fácil comer que pensar, y tuvo como resultado el desmadre, la deshumanización más preocupante. El materialismo egoísta, que niega el interior y atrofia las capacidades cerebrales en evolución.

Siento resentimiento hacia las élites burguesas, pero esto me viene desde muy niño, quizá lo haya heredado de mis antepasados y ahora en la edad adulta sé por qué motivo siento así. ¿Sabéis por qué? Porque la decadencia del lujo y los efectos de la práctica de filosofías contrarias al control y la evolución mental e integral, nos han sumido en el desencanto y la artificialidad. Hemos sido ingenuos imitadores de maestros enfermos y acaparadores de bienes materiales. Si somos capaces de ver nuestras tendencias, en ellas se manifiesta un deseo de tener desorbitado. Podemos negarlo, pero si somos sinceros, nuestros deseos son insaciables. ¿Qué humano actual es capaz de desechar el poder que da el dinero? Ninguno. Todos albergamos la tendencia de poseer ese bien que nos libera de tantos sufrimientos y nos da libertad e independencia. Es extraordinario y tan real que es la vida misma, y nos matamos por conseguirlo. Ya no sólo para cubrir las necesidades básicas, nos remontamos más lejos y caemos en la atrofia patológica de la existencia estéril.

> La ingenuidad es una palabra muy empleada en las sociedades decadentes. Cuando aparentemente no interesan los buenos pensamientos y sentimientos, se descalifica a las personas llamándolas «INGENUAS». Es un calificativo ordinario de los pragmatismos mercantiles.

Los filósofos de los siglos XVII y XVIII proclamaron la teoría de que la meta en la vida era satisfacer todos los deseos humanos y el concepto de «ganancia del alma» llegó a ser ganancia material, económica, y creyeron que vivir para uno mismo significaba ser más y no menos, y rompieron con los vínculos del amor y la solidaridad.

Cuando todas las mentalidades están convencidas de que no hay soluciones, que la realidad es como es y nadie puede cambiarla, es cuando hay que desligarse de la nefasta inconsciencia colectiva y hacer nuevos caminos.

Ir contra corriente, buscando nuevas posibilidades, en el infinito y vasto mundo de la creatividad ideal.

El análisis social es necesario para situarnos y ver con precisión la influencia negativa de los intereses egoístas que tratan de poner límite incluso a la ideal evolución.

¡Ay los filósofos y sus dogmas!

Hobbes consideraba que la felicidad era el progreso continuo de una codicia a otra; La Mettrie hasta recomendaba las drogas, que por lo menos ofrecían la ilusión de la felicidad; para Sade la satisfacción de los impulsos crueles era legítima, precisamente porque existían y debían ser satisfechos. Estos pensadores vivieron en la época de la victoria final de la clase burguesa. Los aristócratas no habían practicado esta filosofía y los listillos burgueses la pusieron en práctica nada más desarrollarla.

Desde el siglo XVIII se desarrollaron muchas teorías éticas. Kant, Marx, Thoreau, Schweitzer desarrollaron sistemas antihedonistas. Después de la Segunda Guerra

Mundial se volvió a la práctica del hedonismo radical, hasta nuestros días.

Está demostrado que el hedonismo no conduce a la felicidad, «la búsqueda de la felicidad» no produce bienestar. En nuestra sociedad somos claramente infelices: solitarios, angustiados, deprimidos, destructivos y dependientes. ¿Entonces, cómo podemos creer que en el TENER está la felicidad?

El egoísmo empresarial

El egoísmo es una conducta generalizada hoy día. Se desea todo para uno mismo, los demás no importan nada; si les puedo sacar todo lo que pueda, el máximo beneficio, mejor que mejor. Mi objetivo es tener, repletar mis cuentas bancarias sin ningún miramiento hacia los demás. Mi poder está en tener, cuanto más tengo más soy. El engaño, la mentira, es normal porque mi objetivo es conseguir máximas ganancias. A mis competidores lo único que deseo es destruirles, y a los obreros explotarlos al máximo y pagarles lo mínimo posible. Nunca se puede uno quedar satisfecho porque los deseos no tienen límite. La envidia a los que tienen más es un estímulo para superarlos, y cuidado con los que me envidian, a ésos hay que exterminarlos porque suponen un peligro. No puedo demostrar mis emociones, que están mal vistas y tengo que mostrar lo contrario a lo que siento. Tengo que mostrarme amable, sonriente, aparentemente sincero..., simular y esconder todo lo que esos tontos de capirote dicen que es malo. ¿Se parecen en algo los empresarios del capitalismo vigente? La realidad es evidente, habla por sí misma. La conducta económica está separada de los valores humanos desde el siglo XVIII, cuando el capitalismo observó que eran una clara resistencia para la evolución del mismo. La máquina económica fue desde entonces una entidad autónoma con independencia de las necesidades humanas. El sistema económico borró de un plumazo al ser humano y dio prioridad al desarrollo del sistema. ¡Cuántas veces he oído que el corazón sobra en las empresas! ¿Es posible? Es real.

> Saber que la sociedad despersonaliza y su influencia es perjudicial en muchos aspectos, es conquistar territorios de convencimientos positivos a la negatividad social.

Corazón roto

Ismar era la directora y socia de la editorial donde yo trabajaba hasta el año pasado. Esta mujer era muy buena, sensible, muy humana..., pero había llegado a esta conclusión:

—En la empresa es imposible que exista el CORAZÓN.

—Pero ¿por qué?

—Porque todos son intereses económicos y cada cual aspira a ganar el máximo posible.

—Pero en las relaciones humanas diarias es necesario que seamos más humanos y nos llevemos bien para hacer más llevadera la vida. ¿No?

—Tú ya sabes que yo quiero lo mejor para los demás. Me esfuerzo por ser buena con todos, pero es imposible, somos muy complicados y egoístas. De siempre he sido una mujer que en todas mis actividades he creído que el amor y la amistad... son de vital importancia, pero cuando hay dinero de por medio se fastidia todo y no hay más remedio que actuar con la razón aséptica del corazón. Mi marido es así y me lo tiene advertido. Si se quiere triunfar en los negocios hay que dejar el corazón en casa y al pan, pan y al vino, vino, y nada más.

—Pero eso es terrible. Me pongo triste al pensar que sólo hay un camino.

—Es así, yo no sé por qué demonios es así. Yo también me entristezco por ver las cosas de este modo, pero la cruda reali-

> Si no estamos convencidos de nuestras ideas positivas y de nuestros sentimientos por los demás, somos un destino incierto y una próxima maldad.

dad es DINERO. No sabes tú el esfuerzo que he tenido que hacer para bajar de las nubes idealistas. Si te digo la verdad, todavía no estoy convencida del todo.

—Ésa es la esperanza de otra forma de vivir. A mí también me pasa lo mismo. Me han tirado de las nubes de mi idealismo y veo la vida desde el realismo del DINERO y no me acabo de convencer. Sé que no es la única verdad. Es imposible que no haya otras salidas.

—El dinero no es verdad, más bien es un espejismo por el que se miente para atrapar su realidad. Es la gran mentira del ser humano. Eso ya lo sé yo. Destruimos todo por conseguir tenerlo, porque lo necesitamos o porque lo ambicionamos. Es evidente que todos estamos atrapados en una confusión de difícil solución. Las empresas están para ganar y todo lo que las haga perder va en contra de su filosofía.

—Lo triste es que la sociedad sea toda una empresa y se compartan por entero la ideas del desprecio a los seres humanos y a la naturaleza, sólo por conseguir el cochino dinero.

—Más triste todavía es que no nos demos cuenta de que la solución está dentro de nosotros. En el momento que cada uno nos diéramos cuenta de cómo somos: de nuestro egoísmo, de la envidia, de la ira... de todo el montón de basura que llevamos dentro... En el momento de ser conscientes del deterioro que causamos en nuestro alrededor con nuestras sucias e ingratas emociones, en ese preciso momento, cambiaría el mundo. Pero eso es imposible y tenemos que someternos a lo que hay, a ver hasta cuándo dura.

La reacción de los seres humanos se produce en los extremos. Normalmente nos engañamos y ocultamos la verdad por conveniencia, y surge la desidia y el desinterés, que son los caminos que nos llevan hacia el abismo.

Un reto para cambiar

Como Ismar, sé que hay millones de personas que esperan una salida a la compleja, deprimente y destructiva realidad que ha creado el ser humano en el mundo. Es muy difícil porque la corriente del poder económico es ciega para ver la grotesca y superficial irrealidad que está creando, y es triste ver cómo hacemos el chiste y nos reímos como evasión a la impotencia de no poder hacer nada de nada.

—¿Es posible no poder hacer nada? ¿Y qué estoy haciendo yo?

—Escribir libros.

—¿Para qué?

—Para sembrar mi granito de arena por un progreso más justo y humano.

—Tonterías.

—Pues bueno. Alguien me leerá y sabrá comprender mis sentimientos, ¿NO?

—Esto no lo remedia ni Dios.

> ¿Qué tipo de debilidad se está desarrollando en el mundo? ¿Qué clase de infección derrite los cerebros y los somete a la irresponsable comodidad de no atender con energías ni entender el descalabro que se cierne en el mundo? La cómoda superficie nos limita a ser la incómoda circunstancia fatal de nuestra decadencia.

—Si todos pensamos así, seguro que no hay remedio, pero vamos a intentar convencernos, que ser buenos no es una tontería. ¡Qué es muy difícil, es un RETO!

Es un reto convencernos a nosotros mismos que no debemos dejarnos arrastrar por la maldad de las emociones y los intereses. Construir nuestro SER HUMANO es la tarea más dura de toda nuestra vida. La más difícil, porque tenemos que aprender a despejar el espejismo de una realidad que es ficticia y peligrosa. Primero tenemos que aprender a ver por dentro nuestras buenas y malas intenciones, pensamientos y sentimientos; si los vemos y somos capaces de controlarlos y cambiarlos por buenas intenciones, estamos progresando. Si del exterior podemos ver a los altos mandatarios, a las altas personalidades que desde siempre han regido los destinos de la tierra; si sabemos verlos y reconocer sus oscuras tendencias, estamos progresando. Si sabemos diferenciar el bien del mal de esos seres, hemos progresado, estamos progresando. El ser humano tiene ojos para ver y corazón para sentir el bien y el mal del mundo, y ahora con mayor certeza, porque la evolución cerebral nos permite abarcar más campo mental y espiritual. Es hora de despertar el SER que llevamos dentro. Es hora de gritar a nuestro interior que no se deje llevar por la tendencia enferma de TENER por TENER, siguiendo los dictados patológicos de la inmensa mayoría ciega de razones mercantiles. Necesitamos dinero para vivir, pero no podemos dejarnos morir por dentro. Tenemos que resucitar a una nueva vida en nosotros, solitarios humanos, y juntarnos con la mayoría que clama un cambio total para que el peligro de la destrucción del mundo no se lleve a efecto.

> Eminentes cerebros, respetables ciudadanos, están cayendo al fango de su permisiva personalidad egoísta, llevando atada al cuello la losa de sus corruptos comportamientos.

La decadencia humana del poder

¡Qué horror sentí al oír ayer a Boris Yelsin, amenazando con una guerra mundial si los americanos atacan a Irak! No sabéis bien cómo son las entrañas de los que poseen el mundo. El mundo lo rigen una panda de sinvergüenzas sin escrúpulos. Seres preocupados de TENER PODER, mediocres sin valores humanos. ¿Pero por qué están ahí? Los hemos elegido nosotros. Y es que el ser humano, en general, está tan confundido y ciego que no sabe discernir ya el bien del mal. No sabe oír el lenguaje universal del sonido, más allá de las palabras, ni sabe leer en los rostros las profundas huellas de las tendencias más oscuras y siniestras.

¿Será posible que los encargados de los asuntos públicos no hagan nada? Los gobernantes fingen estar actuando eficazmente para evitar las guerras y las catástrofes en conferencias, conversaciones sobre desarme. Causan la impresión de resolver los problemas y la verdad es que no hacen nada importante de vital trascendencia. Las conciencias de los gobernantes y los gobernados están terriblemente congeladas, se engañan a sí mismos aparentando que conocen las soluciones ideales a los graves problemas mundiales.

> La insensibilidad debilita al mundo. Nosotros, seres humanos con capacidad de transformar el medio, despreciamos y no creemos posible la transformación de nuestro fuero interno.

¿Será posible que el egoísmo que genera el sistema desarrolle el protagonismo desmesurado y la preocupación del éxito personal haga que se olvide la responsabilidad social? No debemos sorprendernos por nada, los dirigentes de los negocios y los políticos toman decisiones que benefician a ellos mismos y perjudican a la comunidad. Hechos evidentes los hemos sufrido en España durante la década de los ochenta. Banqueros, directores generales, empresarios, políticos..., todos ellos seres corruptos hasta la médula, para ellos era normal, porque el pilar donde se asentaba su estilo ético era el egoísmo práctico. La avaricia vuelve a la gente estúpida. Todos en general estamos tan ocupados en nuestros asuntos egoístamente personales, que no tenemos tiempo para atender y sentir otras necesidades que se salgan fuera de lo estrictamente personal.

Cada vez más débiles

Nuestro instinto de conservación se está debilitando a pasos agigantados. La pasividad humana es alarmante, yo soy un claro mal ejemplo de esa pasividad destructiva que me corroe el alma. Me gustaría ser un hombre de acción, hacer y deshacer, ayudar a unos y a otros..., ser más activo, pero no sé lo que me pasa, soy pasivo, estoy confuso..., me falta algo ahí dentro en mi cerebro que no me hace reaccionar. Me falta ilusión y alegría. Ciertamente me dio miedo la sociedad terrible, ¿quizá me volví cobarde y asumí como normal el poder inhumano y demoledor de la sociedad? ¿Las comodidades me volvieron débil y estúpido? En estos últimos años quiero recuperame, voy contracorriente de mi tendencia pasiva porque me doy cuenta que hay que hacer algo urgentemente y sé que mi tiempo es limitado. Quizá ahora esté recuperando todo lo que no he entendido a lo largo de mi vida, pero por otra parte estoy perdido en la depresión y el miedo. Que mi vida sirva de algo a mi familia como núcleo y a la sociedad. Pero este sentido que quiero darle carece muchas veces de convencimientos profundos. Soy muy débil e incrédulo. Estoy desgastado. He perdido mis energías elementales para la supervivencia en la lucha fraticida y estúpida de querer entender lo incomprensible. ¿Qué me pasa, que muchas veces no reacciono y quisiera desaparecer del mapa y del mundo? ¿Qué terrible desilusión se apodera de mí tantas veces partiéndome el alma en dos? Es la agobiante farsa y la falta de sentido lo que me desorienta. La soberbia, la ira, el odio, la envidia, en suma la falta de humanidad, me corroe el alma. ¿No existen ya seres humanos auténticos? Sí, existen y son mi consuelo. Hombres y mujeres fuertes que luchan con la esperanza de hacer un mundo mejor. Ese mundo en el que yo me quise emplear y perdí la ocasión de ayudar con todas las fuerzas de mi juventud. Ahora soy débil, abarrotado de pensamientos razonables. Agobiado por los gastos. Desorientado. Inútil. Me doy pena cuando veo mi

¿Por qué la reconstrucción social no es importante? ¿Por qué los grandes cerebros no piensan en crear otros modelos sociales más justos y armoniosos? ¿Es qué han tocado techo evaporando el auténtico SER para desarrollar estómagos agradecidos de ganancias?

ser tan deteriorado, tan ignorante... ¿Qué puedo hacer? Seguir. Seguir el camino que he emprendido y esperar el gran encuentro conmigo mismo, con la auténtica realidad humana. Los momentos pasajeros son mi debilidad, pero me dejan una profunda huella. Lo que más daño me hace es mi falta de sentimientos. Cuando no los siento, tiemblo, me pongo a morir, porque creo que soy uno más de esa miserable masa insensible, interesada e incrédula que hay que soportar todos los días. ¡No quiero ser así, antes morir que perder la conexión emocional con el mundo necesitado que me rodea! ¡Qué raro soy! Pero Erich Fromm confirma lo que me pasa.

«*El público en general está tan egoístamente preocupado por sus asuntos, que presta muy poca atención a los problemas que trascienden el terreno personal. El debilitamiento de nuestros instintos de conservación es evidente, en la vida se requirirían cambios tan enormes que la gente prefiere una catástrofe futura al sacrificio que tendrían que hacer hoy día. La descripción que hace Arthur Koestler de algo que le ocurrió durante la Guerra Civil Española, es un ejemplo notable de esta actitud común: Koestler se encontraba en una cómoda quinta de un amigo cuando le informaron que avanzaban las tropas de Franco; sin duda llegarían durante la noche, y muy probablemente lo asesinarían; podía salvar su vida huyendo, pero la noche era fría y lluviosa, y la casa tibia y cómoda. Se quedó, fue hecho prisionero, y casi milagrosamente salvó su vida muchas semanas después gracias a los esfuerzos de algunos*

Detrás de cada mirada hay una opinión subjetiva. Normalmente es crítica. Hay algo que nos impulsa a pensar, ya con normalidad, que son ciertas nuestras imaginaciones y somos tan inconscientes e indisciplinados que no podemos controlar esas tendencias. ¿POR QUÉ SOMOS TAN TONTOS?

amigos periodistas. Así también se comportan los que prefieren arriesgarse a morir a soportar un examen que podría revelar una enfermedad grave, la cual requeriría una operación quirúrgica.

Además de esta explicación de la fatal pasividad humana en cuestiones de vida o muerte, hay otra, que es una de mis razones. Me refiero al concepto de que no tenemos otras alternativas que los modelos del capitalismo cooperativista, el socialismo social demócrata o soviético, o un "fascismo (tecnocrático) con una cara sonriente". La difusión de este concepto se debe a que hemos hecho muy pocos esfuerzos por estudiar la posibilidad de crear modelos sociales enteramente nuevos y de experimentar con éstos. Desde luego, mientras los problemas de la reconstrucción social, aunque sólo sea parcialmente, no preocupen a nuestros mejores científicos y técnicos, nos faltará imaginación para crear alternativas nuevas y realistas.»

Hubo un tiempo en que los seres humanos se comían los unos a los otros, eran antropófagos; aquella manía con el tiempo y la evolución se fue perdiendo. Ya por fin no nos comemos la carne, pero seguimos comiéndonos las entrañas y, lo más peligroso, nos comemos nuestras mentes con la desesperanza, transmitiéndonos los unos a los otros pensamientos y emociones destructivas. En la mente pueden entrar todo tipo de mensajes y ella obedece a lo que nosotros creamos. Si creemos que tenemos que ser malvados, lo seremos. Si creemos que tenemos que ser santos, también podemos alcanzarlo. Creo que es necesario que nos alimentemos mentalmente de visión de futuro, que seamos capaces de entender que estamos en la tierra sólo unas décadas y la vida sigue, desde el origen, después de millones de años hasta cuando ella quiera, y presiento el infinito. ¿No os estremecéis por dentro al saber que somos mucho y nada? Creo que es necesario que pasemos por el mundo sin dejar demasiadas huellas. ¡Ya está bien de estúpidos protagonismos! Todas las demás especies nos dan lecciones. ¿No nos damos cuenta?

Jesús es la gota de agua en el petróleo de la avaricia capitalista.
No tiene sentido para mentes oscuras y siniestras.
Jesús y el capitalismo vigente son como el día y la noche.
La mentalidad capitalista tendría que cambiar tanto para seguir a Jesús,
que dejaría de existir.
Si lo hiciera, quemaría la anécdota siniestra de la historia del mundo.

Nuestro sistema socioeconómico es patógeno, nuestra forma de vivir está alterada. ¿Qué solución creativa existe para producir un cambio?

Erich Fromm dice:

«Hay un punto de vista como solución: procurar cambios psicológicos profundos en el ser humano como alternativa a una catástrofe económica ecológica. Son dos informes encargados por el Club de Roma, uno a D. H. Meadows et al. y otro a M. D. Mesarovic y E. Pestel. Ambos informes se refieren a las tendencias tecnológicas, económicas y demográficas a escala mundial. Mesarovic y Pestel concluyen que sólo unos cambios tecnológicos y económicos

radicales de nivel mundial, que se apliquen según un plan maestro, pueden "evitar una catástrofe mundial definitiva". Los datos que ofrecen como prueba de su tesis se basan en la investigación más universal y sistemática realizada hasta ahora. Mesarovic y Pestel concluyen, además, que estos cambios económicos sólo son posibles "si ocurren cambios fundamentales de los valores y las actitudes del hombre, como una nueva ética y una nueva actitud hacia la naturaleza". Lo que ellos dicen confirma lo que otros afirmaron antes y después de que este informe fuese publicado: una nueva sociedad es posible sólo si, en el proceso de desarrollarla, también se forma un nuevo ser humano, o, en términos más modestos, si ocurre un cambio fundamental de la estructura de carácter del ser humano contemporáneo.

E. F. Schumacher, quien también es economista, pero al mismo tiempo humanista radical, dice que nuestro actual orden social nos enferma; sufriremos una catástrofe económica a menos que cambiemos radicalmente nuestro sistema social.

La necesidad de un profundo cambio humano no sólo es una demanda ética o religiosa, ni sólo una demanda psicológica que impone la naturaleza patógena de nuestro actual carácter social, sino que también es una condición para que sobreviva la especie humana. **Vivir correctamente ya no es solamente una demanda ética o religiosa. Por primera vez en la historia, la supervivencia física de la especie humana depende de un cambio radical del corazón humano. Sin embargo, esto sólo será posible hasta el grado en que ocurran grandes cambios**

sociales y económicos que le den al corazón huma-
no la oportunidad de cambiar y el valor y la visión
para lograrlo.»

CAPÍTULO VI

¿EN QUÉ SE CONVIERTEN LOS HUMANOS CUANDO ALCANZAN EL PODER ECONÓMICO?

No me acuerdo del momento exacto, cuando tomé conciencia de las diferencias entre el lujo y la pobreza, pero creo que era muy niño, tendría ocho o nueve años. Yo era monaguillo de la iglesia de Valuengo, pueblo de trescientos habitantes que pertenecía al Plan de Colonización en la provincia de Badajoz. Me acuerdo que la familia del Conde de la Corte (famoso ganadero extremeño) siempre se colocaba en un lugar privilegiado, el primer banco de la fila central, para oír misa los domingos. Me llamaba poderosamente la atención la diferencia entre ellos y nosotros los pobretones del pueblo. A esa misma edad, me acuerdo de las ropas usadas que mi tía rica mandaba a mi madre: eran pantalones, camisas, botas, impermeables, zapatos..., todo usado por mis primos. Mi madre zurcía los rotos de los pantalones y camisas y mis hermanos y yo gustábamos de ponernos la ropa que, caritativamente, nuestra tía rica nos mandaba. A temprana edad ya me di cuenta del estatus, la insensibilidad y las diferencias que produce el dinero en aquellos que lo tienen. Cuando fui adolescente mi reacción fue inmediata al contemplar la pobreza y la miseria, y el despilfarro y desfachatez del lujo de la minoría. A la edad de dieciocho o veinte años, odiaba la insensibilidad de los ricos, no resistía contemplar la farsa de aquellos que asistían a misa y después eran malvados e hipócritas con sus semejantes.

> Es difícil entender la esperanza de un mundo más justo al margen de los pensamientos y las acciones puras.
> Los impulsos del entendimiento deben estar encaminados hacia la verdad.
> ¿Qué capitalista entiende la pureza del pensamiento? ¿Qué poderoso entiende la vida desde los valores humanos?

Hoy mi resentimiento no ha disminuido, quizá haya aumentado al contemplar la inhumana e insensible decadencia de los ricos y poderosos de la Tierra. ¿Para qué sirven sus fortunas si han perdido por dentro las emociones nobles y sinceras? ¿Para qué valen estos seres al futuro de nuestro planeta y la humanidad, si sólo aprecian el dinero y las posesiones que tienen? ¿Qué tipo de imperfección se adquiere con las riquezas e influye de una forma nefasta en el equilibrio del mundo? A qué tipo de perfección se refería Jesús cuando decía:

«*Si quieres ser perfecto, ve a vender todo lo que tienes y dáselo a los pobres...*»

«*Os aseguro: es difícil que un rico entre en el reino de los cielos. Os lo repito: le es más fácil a un camello pasar por el ojo de una aguja que a un rico entrar en el reino de los cielos.*»

¿Son algunos ricos motivo de esperanza?

Bill Gates
El presidente de Microsoft, el empresario más rico del mundo, puede permitirse una mansión de unos 60 millones de euros.

William H. Gates III es todo un símbolo: de riqueza, de tecnología, de sutil inteligencia y de cómo un joven que abandona sus estudios en Harvard puede triunfar.

Bill Gates puede permitirse el lujo de construir la casa que más le apetezca, y ciertamente lo está haciendo. Si la factura final asciende a casi 60 millones de euros no hay que preocuparse. Su salud financiera es perfecta. ESA CIFRA REPRESENTA SÓLO UNA CUARTA PARTE DEL 1 POR CIENTO DE SU FORTUNA, QUE ESTÁ CALCULADA EN 36.000 MILLONES DE EUROS. Puede darse muchos lujos; además de su lujosa casa, compró un manuscrito de Leonardo da Vinci por 27 millones de euros. Declara que cuando tenga cincuenta y cinco o sesenta

> Es el lujo peligroso,
> cuando a la muerte se llama.
> Y la juerga un juego sucio,
> cuando se juega la nada.

años donará el 98 por ciento de su fortuna a la investigación y la caridad. ¿Será verdad que también contiene riqueza interior Bill Gates? Si esto es cierto, necesitamos muchos hombres como él. Pero dudo que sea cierto, la riqueza atonta al cerebro más despierto. Los grandes hombres de la historia, Maestros de la Vida, como BUDA, JESÚS, CONFUCIO, ECKHART, MARX..., aseguran, y es cierto porque está demostrado, que los hombres del TENER difícilmente entenderán la sabiduría profunda del SER.

El optimismo y la buena voluntad invitan a encontrar personas que se bañen en ese mismo sentimiento que es poder. ¿Por qué desconfiar totalmente de las frágiles iniciativas humanas del poder capitalista?

«... Parece que la misma esencia de ser consiste en tener, y si el individuo no tiene nada, no es nadie. Sin embargo, los Maestros de la Vida han considerado la alternativa entre tener y ser como el punto más importante de sus respectivos sistemas. Buda enseña que para alcanzar la etapa más elevada del desarrollo humano, no debemos anhelar posesiones. Jesucristo enseña: "Porque cualquiera que quisiere salvar su vida, la perderá; y cualquiera que perdiere su vida por causa de mí, éste la salvará. Porque ¿qué aprovecha al hombre, si se granjeare todo el mundo y se pierde él a sí mismo, o corre peligro de sí?"

El maestro Eckhart enseñó que no tener nada y permanecer abierto y "vacío", no permitir al ego ser un estorbo en nuestro camino, es la condición para lograr salud y fuerza espiritual. Marx enseñó que el lujo es un defecto, tanto como la pobreza, y que nuestra meta debe consistir en ser mucho, y no en tener mucho. (Me refiero aquí al verdadero Marx, al humanista radical, y no a la falsificación vulgar que presenta el comunismo soviético.)»

ERICH FROMM

George Soros

Nació en Budapest en 1930, se escondió de la ocupación nazi en su propio país. En 1947, con la llegada de los comunistas, decidió huir a Londres. Allí logró financiarse sus estudios en la *London School of Economics*, donde fue alumno del filósofo Karl Poppoer, cuyas teorías sobre la sociedad abierta, opuesta a la sociedad totalitaria y cerrada, influyeron de forma definitiva en el pensamiento de Soros.

El poder personal no es otra cosa que la capacidad para disolver todos los pensamientos y sentimientos que mentalmente nos enferman. ¿Tienen los poderosos capitalistas poder mental para convencerse y convencer de lo ingrata que es su existencia?

George Soros gana más de seiscientos millones de euros anuales. Pero dice que el capitalismo debe preocuparse más de los pobres. Gracias.

Es el rey de la Bolsa mundial, posee una fortuna personal valorada en 1.680 millones de euros, que equivale, por ejemplo, a todos los bienes y servicios producidos en un año en Albania o Haití, dos de los países donde desarrolla su faceta, la de filántropo.

Reconoce que su impresionante éxito como especulador financiero, del que ni presume ni reniega, es lo

127

que le ha permitido ser escuchado como pensador, su «vocación frustrada».

«Tengo mucho dinero, pero necesito más para ayudar a otros.» «Defiendo la idea de la sociedad abierta, más global y avanzada que la sociedad capitalista.»

«Creo que el capitalismo puede estar amenazado por un poder excesivo y centralizado del Estado, pero también por una total desaparición del mismo.» «Como especulador respeto las reglas del juego y procuro sacarle el máximo partido a mis inversiones, mientras que como ciudadano considero que el sistema capitalista es imperfecto y lucho por mejorarlo.»

> No podemos vivir en un estado de inconsciencia porque en estas circunstancias estamos a merced de las malas influencias.
>
> ¿La inconsciencia capitalista es una realidad o sólo una anécdota pasajera?
>
> ¿Por qué el desequilibrio del ser humano depende de la inconsciencia capitalista?

Es reconfortante oír estas palabras a un financiero especulador. Este hombre tiene un cerebro que piensa un poco más allá de su avaricia. Para algo le sirvió la filosofía que aprendió con Karl Poppoer y es que está claro que el capitalismo tiene que aprender humanidades para que su mezquino cerebro de dinero se abra a otras dimensiones más humanas.

Como parece ser que es irremediable el rumbo de la humanidad, es necesario que los grandes afortunados abran su mente a la otra dimensión más noble de la existencia. Pero es difícil que un rico pueda percibir esa realidad, están demasiado entretenidos en lo único que da sentido a sus vidas: TENER y su DINERO. Sería feliz si me equivocara.

Warren E. Buffett

Presidente de Berkshire, graduado en Empresariales en las universidades de Nebraska y Columbia. Con 18.000 millones de euros, es el segundo hombre más rico del mundo, con una fortuna no heredada.

Es el principal inversor en Bolsa del planeta y su frase es:

«Hay que invertir en negocios que puedan ser llevados por locos, porque un día habrá un loco que los llevará.»

¿Qué tipo de riqueza y de locura encierra este *Homo Economicus* en su interior?

Ted Turner

Vicepresidente de *Time Warner*, está casado con la actriz Jane Fonda. Tiene cinco hijos y realizó estudios universitarios en Brown, Rhode Island.

Empresario, acumulador de divorcios, máximo accionista individual de *Time Warner* y dueño de las cadenas CNN y TNT, define así su vida:

«Soy el hombre perfecto, en el sitio perfecto y en el momento perfecto».

Comenzó su andadura audiovisual en 1960. Ha donado 900 millones de euros a las Naciones Unidas para campañas humanitarias.

Qué gozo siento cuando se empieza a vislumbrar un poco de humanidad en aquellos que están al margen de las necesidades económicas y se acuerdan un poco de las miserables circunstancias de los demás. ¿Será verdad que Ted Turner aspira también a la perfección de su sensibilidad humana para amar a los demás como se ama a sí mismo?

> «Soy el hombre perfecto»
> ¿Quién es el hombre perfecto? ¿Ted Turner?
> ¿Existe el hombre perfecto?
> Existe la vanidad y la soberbia perfecta,
> de sentir el éxito
> por haber encontrado tres puntos de coincidencia:
> cualidades personales,
> necesidades sociales
> y el lugar perfecto donde desarrollar las actividades perfectamente.
> Todo es perfecto
> menos el ser humano
> que se infla de
> vanidad y estupidez.

Michael D. Eisner
Presidente de *Walt Disney*. Es el presidente del mayor conglomerado de ocio del planeta. Bajo su mando se encuentran estudios y productoras de cine, canales de televisión, compañías discográficas, teatros en Broadway, parques de atracciones y un equipo profesional de hockey sobre hielo: los *Mighty Ducks* de Anaheim, California.

En sólo trece años ha convertido a la factoría Disney en un acorazado que vale casi 48.000 millones de euros, diversificando sus negocios hasta el mundo de la hostelería o el software.

Steven Spielberg
Director de cine. Estudió arte y humanidades en el California State College. La fama le llegó en 1975 con

Tiburón. A partir de ese momento, dirigió y produjo los filmes más taquilleros de la historia: la saga *Indiana Jones*, *ET* o *Parque Jurásico*. Su fortuna está valorada en 930 millones de euros.

Steven Spielberg me produce mucha admiración y envidia. ¡Cómo me hubiera gustado haber tenido la fortuna de realizar proyectos como los suyos, para influir en el proceso positivo del SER HUMANO! Este hombre me sorprende, no sé cómo será su comportamiento humano en la vida real. Lo que no cabe duda es que es ¡sorprendente!

930 millones de euros es mucho dinero para un solo hombre. Es rico y se manifiesta de una forma natural, aprovechando sus recursos para seguir produciendo sus «caprichos». Me recuerda al genial Goya. Toda su obra es impresionante, pero su época oscura es el resurgir de la poderosa emoción humana, que rompe las cadenas, para manifestar el horror que han visto sus ojos y el convencimiento de lo siniestro y malvado que es el ser humano. Sus «caprichos» son el compromiso ineludible de llamar a la maldad por su nombre, y la graba en claros y oscuros como una consecuencia de desencanto. La vida pierde su colorido con la ruindad humana.

> Estar alegres y optimistas es difícil en un mundo cerrado a la gratitud. Cuando no se valora nada, no se aprecia nada, es el síntoma precario y deficitario de los seres humanos orgullosos, que no saben que la vida no son ellos mismos y sus estúpidos modelos de comportamientos.

Spielberg, el cineasta más poderoso del mundo, es un afortunado, una luz para iluminar al mundo. Vive entre el negocio y el arte, la fantasía y el compromiso. ¿Pero es un SER AUTÉNTICO? Soy un tanto escéptico con los superhombres. Los grandes personajes de los medios de comunicación no me inspiran confianza, hace años conocí algunos famosos periodistas y realizadores de los medios de comunicación aquí en España (Chicho Ibáñez Serrador, Jesús Hermida...) y me causaron una profunda decepción.

Steven Spielberg parece transparente cuando declara en una entrevista:

«Siempre he estado interesado en películas sobre gente oprimida. Son historias que uno tiene la necesidad de contar, deben ser relatadas. Pero la razón de fondo era contárselas a mis hijos.»

> El equilibrio mental es la mayor riqueza que posee el ser humano. En la sociedad actual tenemos que darnos cuenta que lo más importante es aprender a vivir y no hay nada más horroroso que contemplar el rostro del triunfador soberbio, vanidoso y mezquino.

«No puedo desconectar de ningún acontecimiento horrible de la historia. Puedo desconectar de una película de terror, de fantasía. Puedo desconectar de Indiana Jones en el templo maldito sin problemas, estoy simulando una realidad. Pero cuando estoy dirigiendo algo que ocurrió realmente, no puedo desconectar, no conozco a nadie que pueda hacerlo. Te comprometes con la historia y vuelves a casa deprimido, infeliz.»

«Goya fue para mí la inspiración de *Amistad*, mi última película sobre la esclavitud. La primera vez que vi un Goya fue en 1971, en el Museo del Prado. Me enamoré de Goya. Cuando el guión de *Amistad* cayó en mis manos, dije enseguida: Esta película tiene que ser como un cuadro de Goya, tiene que evolucionar, como su pintura, de un período luminoso a su época oscura. Estuvimos estudiando esas escenas de batallas de Goya y las usamos como referencia para iluminar la película.»

«Yo fui un esclavo de las demandas del público. Hice muchas películas pensando en el público. Disfruté con este papel durante mucho tiempo, pero a medida que fui haciéndome mayor y tuve hijos me di cuenta de que había cosas vitales para mí que debía hacer por mí mismo. Películas como *El color púrpura*, *El imperio del sol*, *La lista de Schlinder* y ahora *Amistad* son películas que el público no estaba demandando de mí. Es una satisfacción. No es una satisfacción de caja, de grandes ingresos, DE NÚMEROS; es la

> Cuando se pierden los resortes más nobles, negando la verdad, el hombre se despoja de toda responsabilidad personal y surge el cinismo y el individualismo como el monstruo de la caverna mental vacía fangosa y hedionda.

satisfacción de saber que has provocado un debate, discusiones, una controversia que hace que la gente hable de cosas de las que de otro modo no hubieran hablado. Que lleva a los profesores, como en el caso de *Amistad*, a pensar en enseñar a los niños capítulos de la historia que habían pasado al olvido.

Parque Jurásico no es más que un buen cuento de dinosaurios y no negué una segunda parte, hice *El mundo perdido*, porque no quería decepcionar a la gente. Yo doy un paso adelante y otro atrás, hago cosas vitales para mí y atiendo a las demandas del público. No me siento un hipócrita, todavía me siento puro, sincero conmigo mismo como artista. Puedo hacer una película histórica y una comercial sin tener la sensación de que soy deshonesto conmigo mismo.»

Pregunta: ¿No cree que el marketing ha eclipsado los valores propios de las películas?

> ¿Cómo puede ilusionarse una sociedad que se nutre de irrealidades? Ganar dinero es una realidad y el trauma que padecemos todos.
> Los que tienen y los que no tienen sufren. ¿Dónde está realmente la felicidad y la alegría?

«En un ambiente tan competitivo, el marketing es un elemento necesario para atraer la atención de un tipo determinado de público hacia una película. Estados Unidos hace ahora cerca de trescientas cincuenta películas por año y se compite cada fin de semana con cuatro o cinco grandes estrenos. Cuando haces una película en Estados Unidos, te revienta el marketing si es otro el largometraje que resulta elegido para una gran campaña en prensa y televisión. Cuando eligen tu película para que sea cabeza del paquete, estás encantado. Así que el marketing es muy importante. Voy a hablar de dos puntos de vista. Como hombre de negocios, cuando haces una película, es el largometraje el que crea expectación. Lo que hace el marketing es generar curiosidad por la película y, si ésta funciona y es buena, toma vida por sí sola generando ingresos para todos. Aquí todos estamos explotando el éxito del filme.

Hablando como artista me da mucha pena ver que los niños se acuerdan de los juguetes y no del largometraje.

Existen muchos piratas que hacen juguetes en la sombra e inundan el mercado de parafernalia y yo me llevo las críticas por comprometer mi corazón, mi alma y mi visión artística. Ésa es la cuestión. No me veo como una persona dual; si fuera así, iría al psiquiatra cinco días a la semana. Me veo como una persona que entiende que se puede ser práctico y pragmático a la par que caprichoso y es-pontáneo. He conseguido que eso me funcione como jefe de un estudio, como cojefe de Dreamworks y como director de cine, independiente de cualquier estudio. Lo he hecho sin pensar que tengo doble personalidad.

> Se nos está olvidando vivir nuestro camino, la verdad y la vida. Es indudable que con el resquebrajamiento de la personalidad se rompe la conexión de lo esencial que hay en nosotros mismos. El deterioro del SER crea al perfecto idiota «LIGHT» creador de influencias negativas.

Siempre lucho conmigo mismo, entre la fantasía y el compromiso. Si no hay lucha no hay ganancia; si no hay lucha nada tiene sentido.»

Todos estos humanos son algunos de los afortunados y envidiados seres que han conseguido el éxito y el poder del dinero en los Estados Unidos. Simples humanos se convierten en dioses de barro. Superhombres del valor más apreciado del mundo. Envidiados, por la mayoría deseosa de poseer fortuna y bienes materiales.

Los más débiles, fracasados y miserables los vemos grandes y respetables. Dioses inalcanzables, modelos a imitar... y no nos damos cuenta de que son humanos de carne y hueso, con un interior, la mayoría de las veces podrido. (Respeto a los seres humanos de interior profundo.)

Todos les respetan y les temen, cuando sus sustentos dependen de ellos. Supuestamente se regocijan en sus poderes materiales como la única realidad evidente de sus vanidades más deplorables. Los dueños del mundo material tienen que poseer una mente racional astuta, pues todos ellos se mueven en el terreno de la competencia y la desconfianza para no ser devorados por los adversarios: la competencia.

Un mundo disperso, irresponsable, desencantado... es motivo de alarma. Su voluntad es débil y la pereza se adueña de todos sus actos. La desidia y la falta de interés son las consecuencias más evidentes de la desintegración del núcleo humano.

A pesar de todo, yo, un hombre mediocre, necesitado de dinero, percibo dentro de mí un movimiento emocional que me hace dudar de mi autenticidad como ser humano desinteresado. Tengo que ser sincero. Siento envidia de su éxito y de su dinero. Me gustaría ganar tanto como ellos y tener el éxito de mi parte, para resolver la vida de mi familia y de tanta gente que me necesita. En el fondo profundo y en la superficialidad, tengo verdaderas ansias de ganar para ayudar. A la vez soy un enraizado *Homo Economicus* irremediable. Mi gran angustia es no tener capacidad, ni saber cómo se gana el maldito y apreciado dinero. Me siento inútil y estúpido en este terreno. Pero también hay una fuerza en mi interior que me impulsa a rechazar todo el oro del mundo. La realidad es que soy muy conflictivo. Por una parte, odio a estos seres poderosos, con todas mis fuerzas, porque la mayoría sé que son monstruos humanos que revientan la esperanza de otro mundo más humano y justo, pero envidio sus riquezas, porque ellas salvan de la angustia de vivir y remedian muchos males. (Respeto a los hombres y mujeres que tienen e intentan SER.)

¿Será posible que lo más importante del mundo sea el dinero? ¿No es posible encontrar otras vías de solución por donde se canalice la creatividad humana para dar soluciones verdaderas a la evolución? ¿Sólo el interés por el dinero es de capital importancia? Cuántas preguntas. Cuánto hay que escarbar para profundizar en la verdad de las cosas para saber qué causas producen los efectos devastadores y destructivos. Para desempolvar el equilibrio y la alegría de vivir de otra forma. ¿Es posible?

Yo nací pobre y moriré pobre: ése puede ser mi destino, pero... ¿por qué? Cuando siento la seguridad que tienen los que poseen riquezas, repito, me dan envidia. Pero, ¿seguro qué están seguros? Cuando pienso en todas las posibilidades que ellos tienen de influir en el mundo, para cambiarlo, me sigue dando envidia. Pero, ¿seguro qué podrían ejercer suficiente influencia con su dinero? ¿Qué pueden hacer los ricos? Parchear y seguir creando desequilibrio y egoísmos por-

La experiencia de la vida se va sedimentando con el tiempo. La verdad integra en la objetividad y nos capacita el SER, como la honda experiencia más importante y dinámica que vivimos. Cuando estamos convencidos de lo que somos y vivimos consecuentemente, empezamos a saber adónde vamos.

que, con todo su poder, no tienen suficientes energías humanas ni corazón para elevar a la humanidad a la esperanza de vivir dignamente. Un rico nunca podría llegar a alcanzar la dimensión humana de Teresa de Calcuta, Gandhi, Juan Bosco, Martin Luther King, Francisco de Asís, Marx... Ellos no entienden de humanidad y lo único que pretenden es seguir las tendencias corruptas y materialistas del poder capitalista. «Pan para hoy y hambre para mañana.» Las verdaderas soluciones las tienen los hombres y mujeres del SER y ellos entienden que la leyes de la evolución natural, que no son las leyes de los hombres, pondrán punto final al deterioro causado por la conducta efímera. Además, creo que todo el oro del mundo no sacia la sed de justicia, equidad...; en suma, la sed de evolución pacífica para encontrar la paz, el silencio y el equilibrio perdido. ¿De qué le sirve a un mundo enfermo mental tener todo el oro del mundo si está deseando quitarse la vida para dejar de sufrir, la dureza y el terrible pesimismo y desencanto de estos tiempos? La gente cae en la depresión y se suicida. ¿Por qué? ¿Por debilidad psicológica o por la incongruencia y brutalidad humana? En mi adolescencia, cuando vi de cerca lo terrible de la existencia humana, caí en depresión profunda. Pensaba que yo era el único chico triste y desgraciado de toda la

> La maldad se viste
> y se engalana de verdad
> cuando le interesa.
> Si la mayoría de los seres
> humanos vamos entendiendo
> que la única solución
> que nos puede salvar
> son los buenos sentimientos,
> la maldad asimilará la
> apariencia bienhechora
> y nos venderá su imagen
> falsa.

sociedad; con el tiempo me convencí de que no era cierto, yo era una víctima más de la dramática lacra de angustia vital del ser humano.

La verdadera riqueza es la salud física y mental, el trabajo como ocupación donde aplicar nuestra atención y desarrollar nuestras capacidades... Lo evidente es la recuperación del paraíso perdido por culpa de la ambición ignorante y consciente de los monstruos depredadores, ideólogos y capitalistas, creadores de una forma de vida vana e inútil para la mayoría necesitada de corazón.

> *«La verdad es que los modos de existencia de tener y ser son potencialidades de la naturaleza humana, que nuestro afán biológico de sobrevivir tiende a fomentar el modo de tener, pero que el egoísmo y la pereza no son las únicas propensiones inherentes de los seres humanos.*
>
> *Los seres humanos sentimos un deseo inherente y profundamente arraigado de ser: expresar nuestra facultades, ser activos, relacionarnos con otros, escapar de la prisión del egoísmo. La verdad de esta afirmación está demostrada con tantas pruebas que podría escribirse fácilmente un libro.»*

La depravación dejó su huella y sólo la certeza de otra forma de vivir más equilibrada y armoniosa será capaz de borrar la tristeza y el desencanto. ¿Será posible algún día que toda la diversidad se ponga de acuerdo en identificar y aplastar la razón irracional de los ogros asesinos?

ERICH FROMM

Los seres humanos en su conjunto contienen tal riqueza de posibilidades de creatividad evolutiva, que, si se sumaran sus potencialidades positivas sin disgregación alguna, podrían responder activamente al cambio de la maldad por la prosperidad del conjunto universal. La pereza y la inconstancia de este mundo por conseguir dar soluciones a los interminables problemas de la existencia son debidas a la aridez de los mismos, por culpa de los intereses egoístas que ponen todo tipo de resistencias para que las profundas verdades de la vida no emerjan; de esta forma el mundo se torna frustrado, aburrido y desencantado, débil para afrontar su propio destino.

> Ser espiritual y bueno es lo más difícil de este mundo, por eso tenemos que mostrarnos muy respetuosos con aquellos seres humanos que se esfuerzan por seguir el camino del control de su propia vida para crear equilibrio y bienestar. Hoy el mundo está preso en las redes de su propia desesperación.

El ser humano es inteligente y vital, con capacidad para participar en su liberación, pero la odiosa e inhumana masa de seres instalados convencidos plenamente del sentido interesado, único y mercantil, no da oportunidad a otros caminos. El ser humano es verdaderamente activo y responsable, cuando sabe cuál es el papel que tiene que desempeñar en la vida; cuando encuentra el norte de su vida, la verdad de la inventiva, la actividad, la imaginación y, con todo ello, la satisfacción de SER.

Los seres humanos están dispuestos a hacer sacrificios. El sufrimiento común no destruye el espíritu;

muy al contrario, fortalece la moral y la resistencia humana para sobrevivir y alcanzar objetivos nobles. Es triste observar que cuando hay mayor solidaridad es en épocas de guerra, la paz parece alentar el egoísmo, pero por fortuna estamos viendo el ejemplo de muchos seres humanos que son solidarios. La necesidad de dar y compartir y el deseo de hacer sacrificios, por suerte, existen en muchos colectivos que se afirman en el amor y la solidaridad como los valores más importantes de la vida. Ellos son el baluarte y la sal del mundo a los que tenemos que imitar para romper las duras cadenas de la pasividad y el tedio que la sociedad capitalista y del bienestar quieren imponernos. Cuando todo el mundo no soporte el lujo, porque es un insulto a la miseria del mundo y síntoma de egoísmo, habremos conseguido movilizarnos hacia la esperanza. Cuando nos rebelemos contra la inercia de nuestros cerebros maleducados, entonces será síntoma de la conciencia de nuestro vacío interior. Mientras tanto la sociedad entera caminará ciega hacia un abismo cierto y demostrado.

La vida de los ricos es en la mayoría de los casos aburrida y sin sentido, insensible e insoportable, ciega para ver más allá de sus intereses materiales. ¿Cómo se puede estar insensible ante la pobreza y ciegos ante la amenaza real de una guerra mundial nuclear? ¿Cómo es posible que el mundo siga el ritmo de desprestigio de la verdad por la MENTIRA descarada, de aquellos que ostentan el poder del dinero? Pero son una clara esperanza todos aquellos que se alejan de las riquezas de sus familias donde se les ofrecen una vida vacía, sin sentido e insoportable, para unirse a la gran VOZ DEL

MUNDO que suplica con ansias el cambio de los seres humanos.

SER supone renunciar a las cosas para crecer por dentro en honestidad y llegar a entender que ellas no son como las vemos a simple vista. No me hartaré de hablar de las causas y los efectos y de las leyes que mantienen el equilibrio, para entender que todo tiene relación y sentido.

El odio es causa del odio y el amor engendra amor, es indudable. El egoísmo es la causa del desierto interior y exterior que evoluciona a pasos agigantados, si se pierde la capacidad de amar y el deseo de unirse a los demás, se arrancan de raíz todos los estímulos más vigorosos de la conducta humana y se avanza a la locura. Rota la unidad con nuestros semejantes y con la naturaleza, rotos los vínculos afectivos, vamos a la deriva. El mundo desunido y egoísta no tiene futuro, se va autodestruyendo paulatinamente y si ademas no se cree en nada y no se encuentran gestos de solidaridad por parte de nadie, podemos volvernos agresivos y siniestros. Nos enfermamos los unos a los otros. Al sentirnos aislados y sin esperanzas sólo nos queda el camino de la destrucción y el fanatismo.

¡Qué mal entran los mensajes bondadosos en las enmarañadas mentes mezquinas! Son impermeables, insensibles a todo lo que no les produzca beneficio.

¿Creéis que los poderosos se enteran de algo, de las consecuencias que sus nefastas acciones producen a su alrededor? Los señores que tienen están en otro mundo, en otra dimensión mental, en la órbita del fuego que algún día los abrasará sin remedio. Ellos caerán y nosotros también, si no damos un giro hacia el verdadero sentido de la vida.

Así hablan y piensan grandes y respetables hombres de negocios

«*Un aspecto natural de la evolución de las empresas es que el fuerte debería comerse al débil; las recompensas deberían ser para los fuertes.*»

«*Eres un pequeño cabrón. Voy a agarrarte de los tirantes y a tirarte por el hueco del ascensor.*»

«*Saque sus tanques de mi jardín.*»

«*La ambición te empuja a conseguir cualquier cosa que se ponga a tiro. Esto, inevitablemente, te lleva a comportarte con dureza y a cepillarte a quien se ponga por delante. Acabas por pisotear a la gente.*»

«*Siento un imperioso deseo de obtener cosas por el mero placer de obtenerlas. Realmente, no me interesan baratijas tales como coches o vídeos. Sin embargo, no sólo deseo ser muy rico, sino que además quiero demostrarlo.*»

«*La idea es que los rivales muerdan el polvo; esto es así tanto en el tapete como fuera de él.*»

«No tengo muchos amigos. Si hay algún castigo por ser rico, es éste.»

«Resulta difícil encontrar gente con las que congeniar en el mundo de los negocios. Te encuentras aislado necesariamente por ser quien eres, lo que resulta bastante triste. Realmente no he llegado a acostumbrarme a ello.»

Pensar de una forma u otra no es otra cosa que encasillarte en la limitada cuadrícula de la mente ideológica.

Pensar libremente no es otra cosa que encasillarte en la amplia cuadrícula de la mente ideológica.

¿Qué es la libertad entonces? ¿Una cuadrícula mental o un cajón donde estamos encajonados y acojonados por nuestras necesidades?

«Durante los años prósperos, los banqueros estaban siempre a nuestro lado; pero en los malos tiempos desaparecieron a toda prisa.»

«Adoro el poder destructor del capitalismo porque significa más libertad para crear riqueza.»

«Muéstrame un capitalista y te enseñaré una sanguijuela.»

«El hombre nace sin imperfecciones, es el sistema capitalista el que lo corrompe.»

«La gente no parece entender que el comercio es como la guerra.»

«Yo no lucho con la competencia, la destruyo.»

«La codicia, dicho sea de paso, está muy bien. quiero que lo sepan. Creo que es saludable; puedes ser codicioso y, al mismo tiempo, seguir sintiéndote bien contigo mismo.»

«El comercio es la única actividad en la que la policía protege al ladrón.»

«Los cristianos se olvidan de que la sociedad entera se basa en ese comercio que ellos desprecian.»

«Si los competidores estuvieran a punto de morir ahogados, les metería una manguera por la boca para acabar de una vez.»

«En los negocios todos intentamos cortarle el cuello a los demás, pero de cuando en cuando nos sentamos a la misma mesa y nos comportamos con educación, por respeto a las señoras.»

Es difícil vivir, pero más difícil es pensar libremente y llevarte bien con todos. ¡Eso es humanamente imposible, imposible...! ¿Por qué? El cerebro de los torpes, prepotentes, ignorantes, listos... es un Dios soberbio que todo lo sabe. Para él no existen los demás. Todos somos un poquito así: DIOSES DE BARRO.

«Creo que si queremos comprender a los empresarios, deberíamos observar a los delincuentes juveniles.»

Estas manifestaciones nos dan una idea real de la mentalidad empresarial y capitalista. (Respeto a los buenos empresarios.) ¿Cómo podemos sentirnos aquellos que luchamos día a día por un ideal sano, íntegro..., cuando observamos y sufrimos el azote implacable de la monstruosa realidad capitalista? ¿Éste es el único realismo que nos ofrecen y al que irremediablemente tenemos que claudicar? No es posible. La rebeldía tiene que surgir como un azote a la intolerancia. La crueldad del pragmatismo materialista tenemos que disolverla con profunda integridad. Si nuestro aire está sucio y corrompido por las mentes grotescas, tenemos que convencernos de crear oxígeno puro, que entre en las duras cabezas intolerantes e inhumanas. No tenemos que dudar de nuestras convicciones nobles, porque ellas son nuestra plataforma de verdadera libertad, para nosotros y los que nos rodean. Tenemos que practicar la concentración de convencimientos y la reconciliación de toda la disgregación humana para poder gritar al unísono, convencidos de que la injusticia y la decadencia humana tienen que terminar asfixiadas.

> *«Cuando podamos contemplar los cuerpos de los niños de Uganda o Etiopía como si fueran el nuestro, hasta que el hambre y el sufrimiento de todos los cuerpos sean nuestros, entonces las discriminaciones habrán terminado y empezará la era del amor real. Será cuando podremos contemplar a todos los seres con los ojos de la compasión y podremos realizar una labor que alivie su sufrimiento.»*

Thich Nhat Hanh

Soberbia y prepotencia

A lo largo de la vida vamos conociendo todo tipo de personas. Unas nos influyen de forma positiva y otras nos ponen a prueba e incluso pulverizan nuestros convencimientos nobles.

Manolón no era ni amigo, ni enemigo mío. Estaba en la familia, pero tampoco le consideraba familiar. Su forma de ser grosera, indisciplinada, ignorante, y a la vez creída de saberlo todo, me producía mucho malestar. Era un tío grande y gordo, con un rostro desagradable, la viva estampa de su interior. Estaba forrado de dinero y de seguridad mercantil.

En un mes de marzo murió su madre y fui a su entierro. Aquella mujer había sido muy buena. La conocía poco, lo suficiente para saber que era de espíritu noble, muy humana. Me acerqué a Manolón y le di el pésame.

—Siento mucho la muerte de tu madre, Mano. Tienes que ser bueno como lo fue tu madre —me atreví a decirle, convencido del amplio concepto de SER BUENO. Su reacción no me sorprendió ni lo más mínimo.

—Déjate de gilipolleces. ¡Cómo es posible ser bueno en un mundo de «hijos de puta»! Siendo bueno no gano nada. Pierdo dinero. Je, je, je... —me dijo riéndose de mi postura. Cada vez que hablaba con él me producía desazón y a la vez ponía a prueba los convencimientos de mi forma de ser.

—Hombre, es que tú lo ves todo en función del dinero.

—¡Joder! ¿Cómo hay que verlo entonces? Dime tú a mí. Si eres bueno, te comen, te destrozan —Manolón tiene la mala costumbre de levantar la voz con arrogancia, tratando de aplastar, cuando le llevan la contraria. Es un vozarrón desagradable, visceral...; defiende sus intereses con un par de cojones egocéntricos, como símbolo del macho soberbio y rebelde, que trata de convencer de su profunda frustración de héroe. De extrema derecha unas veces, de derechas, otras. De izquierda cuando le interesa. Baila al son de la música que le da dinero. El dinero es su única ideología. Él siempre trata de convencer de que tiene toda la razón. Es la razón de su forma de vivir mercantil, la única manera de ser dueño. Es el poder económico lo que le da fuerza para aplastar con sus convencimientos.

A lo largo de la existencia humana se producen multitud de modificaciones de conducta. Es difícil mantener una postura definida sin tener experiencia. Desde pequeños no nos enseñan a cultivar nuestro interior como es debido y ello conlleva a gestar sociedades como la nuestra, desequilibradas.

—Cómo te abrí los ojos para ver a los hijos de puta, ¿eh? Si es que tú eras un pardillo, joder. Tú nunca has estado en este mundo. ¡Eres un ingenuo, chaval! El mundo está lleno de hijos de puta y tienes que verlo. Je, je, je... —me decía sonriendo.

No le contesto y pienso: Claro que los veo, Manolón. ¿Cómo no los voy a ver si tengo ante mis narices a uno? Dices bien, me abriste los ojos. A mazazos me habéis abierto los ojos, tú y otros como tú. Cuando te conocí, tenía sólo veintitrés años. Por entonces creía en Dios, en Jesús, en la Virgen María, en ser honrado, quería ser más bueno cada día. Necesitaba ayudar a los demás y «amar al prójimo como a mí mismo». Creía estar convencido, pero no fue así. Todo eran ideas grabadas en mi memoria por la educación religiosa que había recibido. Yo siempre quise sentirlas en lo más profundo, ponerlas en práctica, pero nunca caminé por el camino práctico, me mantuve ahí sin dar el paso definitivo hacia la acción. Te conocí a ti, Manolón, y a tantos como tú, materialistas puros, fieles creyentes del dios dinero como el único y verdadero dios. El único que salva del vertiginoso día a día, de la inseguridad... El único que da paz, felicidad, prosperidad... Su sangre corre por nuestros bolsillos, nuestras cuentas bancarias, nuestras casas, y va regando nuestra vida de bienestar y superficialidad. Nos instala. Nos hace hipócritas, falsos y embusteros. Nos inhibe de decir la verdad y nos da tranquilidad, nos sosiega y deshace nuestra mínima solidaridad. Nos da la independencia. ¡Ya no necesitamos a nadie! ¡Qué se jodan los demás que no tienen nada para llevarse a la boca! ¡Qué me importan esos desgraciados, si yo he alcanzado la cima del poder! El dios dinero es el único que tiene poder real, poder material. Es verdad. Es una auténtica verdad, una profunda verdad. Es la verdad que todos llevamos dentro, en nuestra vida. Es nuestro objetivo: ganar dinero. Sin él, nuestra vida no tendría sentido. Pero... ¿te has parado a pensar un momento en el significado que tienen los cuatro mil millones de años de vida en la Tierra en los que nunca hubo dinero? En estos últimos dos mil y pico años, desde que el ser humano empezó a organizar la vida económico-social, es cuando apareció el dios dinero y ahora ya nos es imprescindible. Yo estoy jodido porque no tengo dinero. Mi familia ha estado a punto de romperse en mil pedazos por la falta de dinero. Este valor material nos está enloqueciendo. Es tan necesario que por él perdemos la dignidad hacia los demás y nos volvemos ratas de alcantarilla. Siniestras ratas con instintos mercantiles asesinos. Ya todo camina por ahí. Los políticos, la Iglesia, las empresas... sólo van a ganar. La locura de ganar. ¿Para quién, Manolón? ¿Quiénes están ganando con el dios dinero? Los más fuertes. Las inteligencias más potentes. «Los más hijos de puta». Los que están destruyendo nuestro hermoso mundo. Cuatro cabrones sin escrúpulos ganan, mientras que la inmensa mayoría sólo pretendemos trabajar, comer, respirar y vivir en paz. Es lo mínimo y ni siquiera eso ya es posible. ¿Quién coño ha creado este desorden, Manolón?

Sí es verdad, Manolón, tú me abriste los ojos. Tú me ayudaste. Hiciste tambalearse innumerables veces mis convencimientos humanos del amor y la amistad. ¡Qué ingenuidad! ¿Verdad? Me hiciste sufrir como me hace sufrir la sociedad entera, materialista hasta la médula. Mazazos por todas partes. Por todos los sitios sartenazos y mala leche, así destruisteis mi fe quebradiza y descubrí el vacío nihilista. Abierto a todo y vacío sin nada. Sin creencias, ni religiosas ni políticas, me autoproclamé agnóstico. ¡Era la etiqueta perfecta! Incapaz de comprender con mi corto entendimiento, opté por lo menos a no negar la existencia del misterio. Si no comprendemos, ¡cómo vamos a negar nada!

Perdí mi fe en un Dios bueno; perdí mi fe en Jesús; mi fe de creer en tantos valores milenarios. ¿Y ahora qué? Ya veo la realidad, Manolón: «¡Hijos de puta por todas partes!» ¿Y ahora qué, Manolón? Tendré que hacerme un «hijo de puta más», si quiero ganar dinero, porque lo más importante es el maldito DINERO. La madurez total. Tendré que someterme, pasar por el aro de esta mierda que llamamos progreso. Si quiero ganar tendré que aprender a ser depredador «hijo de puta»... Así es Manolón. Así es la sociedad madura, y si no te conduces así, no estás en tus cabales. Eres un desgraciado fracasado. Todos a ganar, todos a gastar, todos a matar; unos el aburrimiento y otros a dejarse la vida sometidos a los que tienen.

¡Por fin veo! ¡Qué dicha ser consciente y qué triste es contemplar el gris y desolador panorama! ¡Ya soy un hombre! Veo. ¡Soy feliz! De verdad Manolón, ¿tú crees que soy feliz de ver tanta mierda? Sufro, Manolón. Sufro mucho. No sabes tú bien cuanto sufro. Cada vez que mis ojos se abren, porque ya no paran de abrirse, sufro el tormento de esta sociedad que me considera GILIPOLLAS por el simple hecho de pretender ser bueno. Me siento como el «tonto del pueblo», ese muchacho que sólo dice cosas que nadie entiende. Procuro guardármelas para seguir la corriente y pasar inadvertido sin que se den cuenta que veo más que ellos. Porque si digo algo fuera de lo normal, me toman por loco. Ser bueno es anormal hoy día. ¡Cuánto dolor siento de ver e intuir la realidad espantosa del presente y del futuro! ¡Porque así no hay futuro, con tanto «hijo de puta» pululando por doquier! ¿Qué va a ser de nuestros hijos? ¿Qué futuro les espera cuando esté todo arrasado?

Mis ojos siguen abriéndose en todos los sentidos y en todas las direcciones. Veo lo bueno y lo malo. Lo positivo y lo negativo. Tengo ansias, cada vez más ansias, de ver la realidad, aunque me pese. ¡Por fin soy real! ¡Por fin me veo real! Soy la realidad y me sorprendo. ¡Joder con mi realidad! Hace cuatro mil millones de años surgió la vida en nuestro planeta. Cinco millones, calculan los científicos que llevamos los homínidos (nosotros). ¡Coño, qué viejo soy! ¡Qué misterio! ¡Qué realidad más profunda! ¡Qué maravilla! Yo vivo, siento, soy de verdad... Los seres vivos son de verdad. Auténticos. ¿Qué nos hace vivir? ¿Qué es la vida? La vida es un profundo e indescifrable misterio. Una realidad inmensa que desconocemos y nos envuelve. ¡Qué respeto siento por todo, porque no sé nada! Los seres humanos no sabemos nada. La ciencia todavía no sabe nada y creo que tardará todavía mucho tiempo en descubrir una mínima parte de la realidad, si vivimos para contarlo. ¡Qué pequeños somos, Manolón! Y ¡qué poca capacidad tenemos para

Los animales nos dan lecciones de comportamiento, parece que han comprendido, en lo más profundo, que tienen que regirse por las leyes del orden natural sin ninguna interferencia y lo han asimilado desde la profunda convicción de sus reacciones.

percibir tanto desde nuestra limitada subjetividad! ¡Qué poca medida cerebral para entender el infinito! ¡Qué inútil es pensar y darle vuelta a la desesperanza! Me llena de optimismo saber que soy tan pequeño y el universo tan inmenso. Me sorprende lo grande que es todo. Nunca más me convencerán las opiniones limitadas, porque son sólo eso: conjeturas y egoístas razones que nos conducen a creer en un mínimo aspecto de la existencia. Como este libro, una opinión limitada. Poca cosa, pero lleno de esperanza. Fruto del dolor, de la frustración, de la intolerancia, de tantas y tantas barbaries y necias razones, que tenemos que aguantar, los que pretendemos simplemente, vivir en armonía y en paz, pasando inadvertidos para dejar una estela de esperanza. También es una crítica, ya lo ves, porque: ¿qué futuro les espera a las generaciones venideras, si los inconscientes «hijos de puta» se extienden cada vez más por el mundo? ¿No hay solución? ¿No tenemos capacidad suficiente para crear otros modelos de vida que no sean armas sofisticadas para hacer la guerra? Es realmente sorprendente cómo evoluciona la tecnología bélica para la destrucción. La humanidad corre peligro constantemente. Manolón, ¿no merece la pena ser bueno y que evolucionen los seres humanos para alcanzar ese objetivo? Estoy totalmente convencido del significado profundo de esas palabras, SER BUENO, pero tú te reíste. Pensarías: ¡Qué GILIPOLLAS! GILIPOLLAS sí, pero «HIJO DE PUTA» NUNCA. Quiero ser bueno, porque soy consciente de su contenido. Aunque suene a ingenuidad, esa palabra contiene la salvación del mundo, fíjate lo importante que es. Sintiendo la necesidad de crecer por dentro. SER BUENO. Nuestro planeta estará a salvo y se reemplazarán poco a poco los «hijos de puta» por «hombres de buena voluntad». Y quiero aclararte que yo no soy bueno, sólo soy un aspirante, un aprendiz hacia el nivel más alto de la evolución armónica y pacífica.

Ahora siento lo necesarios que son los valores humanos milenarios, eternos... que hemos rechazado por comodidad, egoísmo o prejuicio. Esta sociedad mal llamada del bienestar es salvaje y destructiva porque no entiende ni ve más allá de su comodidad.

Manolón, me abriste los ojos, gracias. Ahora creo de verdad en aquello que fui destruyendo por culpa de gente como tú. Con cada mazazo, me he convencido de lo que hay que SER. Ahora creo más en Jesús, Buda... Creo en el Dios de la verdad. En los mensajes misteriosos de control mental para superar las terribles tendencias de nuestros impulsos primarios egoístas y convulsivos. La fuerza creadora no podía dejar vacío de leyes el potencial interior del ser humano. Leyes y valores crean el equilibrio armónico y las razones lógicas de la evolución. ¡Qué perdida de tiempo es creer en algo que no da dinero! ¿Verdad, Manolón? Y ahí está el engaño, en las necesidades creadas y que no tenemos dinero para cubrirlas. Nos ponen histéricos, violentos, nos volvemos locos... y cada día más mendigos, parados, más asesinatos y guerras crueles. Locos por conseguir la pasta para cubrir los números rojos. ¿Dónde está el dinero? ¿Dónde está el dios dinero, el único que nos salva? Se necesita mucho dinero para mantener este sistema nefasto lleno a rebosar de TRAMPAS MORTALES.

En la naturaleza todo es hambre: hambre de pan y hambre de amor. El equilibrio es difícil y necesario. Todo es frágil y poderoso y se sustenta en la evolución.
No hay nada parado.
Es necesidad vital seguir el rumbo trazado por el misterio de los tiempos y nadie podrá impedir el continuo fluir del tiempo.

Manolón, los millones de tu cuenta bancaria no son nada. Me das lástima más que envidia, porque eres torpe, amigo mío. Dios quiera que pasen pronto todos los «hijos de puta del mundo».

CAPÍTULO VII

SER HUMANO

Cuando ocurran grandes cambios sociales y económicos darán suficiente valor, visión y convencimiento al ser humano para cambiar. Qué curioso, mientras tanto los pocos que estamos convencidos de SER y vemos claramente a la sociedad enferma, tendremos que aguantar a la mayoría patológica que nos llamen «locos». Habremos de resistir el escepticismo generalizado y seguir encadenando, con análisis objetivos, para ver con mayor detalle, el hecho evidente, socioeconómico, depresivo y todas las formas de comportamientos patológicos. Es la única forma de hacernos fuertes en el convencimiento de que la revolución mundial está dentro de cada individuo. En el convencimiento de que tenemos que cambiar por dentro, PARA SER BUENOS.

Ser humano

SER significa conocimiento de uno mismo, desarrollo e impulso de las emociones nobles. Es un cambio rotundo y disciplinado, donde el egoísmo, la avaricia, la envidia, el odio, la ira..., todas las emociones dañinas para nosotros y para los demás, se disuelvan conociéndolas de antemano.

SER significa control mental, capacidad y verdadero conocimiento para cambiar las emociones negativas. Desarrollo de la voluntad para hacer el bien. Visión de nuestras reacciones para encaminarlas hacia un mundo distinto, más humano y sensible.

SER significa AMOR. Conociendo nuestro vacío y nuestra incapacidad de amar vamos contracorriente de esa tendencia, sembrando semillas de la emoción que, es un hecho, nos salvará a nosotros y al mundo entero.

Encontrar a un hombre o una mujer sabio-a es la ALEGRÍA mayor que puede recibir un ser sediento de conocimiento y realidad. La ceguera es mala consejera, porque nos aparta del camino del conocimiento.

SER significa meditación, porque por este sistema conseguiremos silencio y paz interior para desarrollar nuestras capacidades y percibir con claridad la realidad exterior e interior.

El SER nos da la posibilidad de despertar al mundo de la realidad, de la verdadera y real tendencia sellada desde el origen de los tiempos e interferida por la enferma posesión del limitado y ficticio ser innoble e inhumano.

SER es creer en el misterio, amarlo, porque es lo único que nos enlaza con nuestro origen. Los que pueden creer en Dios con verdadera devoción, que amen a esa fuente de energía que posiblemente sea la realidad más evidente de nuestro sentido en esta vida, imposible de entender por la mente humana.

SER significa respetar y aumentar la capacidad para percibir el movimiento del misterio y las incógnitas más absolutas, dentro y fuera de nosotros. No podemos hablar de lo que no sabemos. No hablemos vanamente del misterio, de lo desconocido. Tenemos que respetar y ser humildes.

SER significa aumentar la capacidad para conocer a nuestros progenitores, para amarlos profundamente. Ellos fueron los que nos dieron la vida y la posibilidad de la existencia. Aunque hayan cometido errores y falta de respeto hacia nosotros, debemos de construir un nuevo puente afectivo desde la tolerancia y el amor.

SER significa el respeto total por la vida. A mayor profundidad mayor apreciación por todas las formas vegetales y animales. Un ser humano y un mosquito tienen vida. El grado de respeto va en función del grado de evolución del SER y su profundo conocimiento.

SER significa entender la pureza y la impureza de nuestras acciones. No somos seres perfectos, pero entendemos que el camino del equilibrio está en la pureza de nuestras acciones. Tenemos una relación estrecha con nosotros mismos, nos conocemos como núcleo y nos relacionamos con el exterior, intentando ser lo más correctos posibles.

SER significa respetar los bienes ajenos. El SER AUTÉNTICO no roba en ninguna medida. Respeta los bienes intelectuales y materiales de sus semejantes.

SER significa VERDAD. No se puede hablar mal de los demás, ni criticarlos, porque toda palabra contiene poder e influencia y lo que digas se quedará grabado como una impresión en la mente que recibe las imágenes y el sonido de tus palabras. La MENTIRA ha creado el mundo tan conflictivo que estamos viviendo. Es el arma de la maldad. De una pequeña mentirijilla hasta un grandísimo engaño hay intención. En el terreno de la bondad sé sincero, en el fango de la maldad sé astuto, conoce la mentira y sus consecuencias para saber devolver la conciencia de sus engaños. El SER auténtico nunca miente.

SER significa controlar todos tus pensamientos. El mundo mental es muy complejo. Un crimen echa raíz en la mente. Alimentado por el odio, crece, se desarrolla y mata. El entrenamiento mental es necesario para estimular buenos pensamientos. Somos lo que pensamos, no hay duda. El SER es consciente de lo que piensa y su conquista mental es la victoria sobre sus pensamientos. Una mente que es capaz de ver y discernir pensamientos, preocupaciones y emociones empieza a ser libre. La revolución del mundo es mental y empieza en uno mismo.

SER significa amar el misterio, estar abierto a él porque así se desarrollarán capacidades que te permitirán creer más allá del límite. De otra forma, tus condicionamientos razonables cierran otras posibilidades y el desarrollo cerebral y mental se limita a lo ordinario. La normalidad es la adaptación de nuestras facultades mentales a un conocimiento limitado de lo objetivo. Un perro puede ser una simpleza normal, pero no lo es tanto cuando lo estudiamos profundamente. El misterio es normal, pero no lo es tanto cuando sentimos lo inmenso que es todo y la poca capacidad que tenemos para discernir mínimamente algo de ese misterio. Dios es el misterio.

SER significa amarnos a nosotros mismos. Lo primero que tenemos que conocer, disciplinar y desarrollar es nuestra propia personalidad, todo con un profundo amor. Si nosotros no nos amamos, ¿a quién podremos amar? De aquí surgirá la fe en lo que somos y la necesidad de relacionarnos, interesarnos, solidarizarnos con el mundo.

«Amar al prójimo como a tí mismo» es la salvación del mundo, la auténtica revolución mundial, la solución a todos los problemas.

Mi experiencia interior

En este libro como en los anteriores no me cansaré de hablar de mis vivencias interiores. Perdonad que os hable de ellas, pero ¿de qué voy hablar si no es de lo más cercano, de lo que conozco bien?

Ahora tengo muy claro que mi ignorancia es la base de mi fe, mi esperanza, y en la existencia de mi más allá interior. Mira que soy bruto, excéptico, superficial..., pero obcecado en encontrar ese tesoro que ciertamente sé que hay en mí. Cada día lo siento más cerca. Medito todos los días dos horas por la mañana aunque no me apetezca. Me siento y, como siempre, mis preocupaciones, mis pensamientos, mis obsesiones, mis frustraciones, mi arraigada tristeza... me invaden. Entre ese montón de indisciplina mezcla de realidad, imaginación y cuerpo físico, hay algo que poco a poco avanza en mí, me va aspirando hacia otros estados y me convence en silencio y paz. No hay palabras, es indescifrable, no sé qué me pasa, pero está presente, cada vez más cerca, y me aparta de mi mentalidad ordinaria, situándome en una paz y un silencio inconfundibles. Hoy me he asustado, empecé como a bajar vertiginosamente hacia una concentración profunda. Bajaba y bajaba sin miedo pero sorprendido. Esto me ocurrió cuando entre la espesura de mis pensamientos y preocupaciones me di cuenta de la poca importancia que le concedía a esa otra parte de mí que insiste en manifestarse a pesar de todos los condicionamientos que continuamente provoco. Mi escepticismo, mi análisis objetivo de las reacciones físicas y mentales... y en un momento convencido de ese algo evidente que me absorbe, se abrió un torrente interno (no sé cómo explicarlo) que me creaba sensación de bajar a lo más profundo. Hubo un momento que no sentí que respiraba, y sin miedo recuperé la respiración. Fue un tirón que me dejo sin aliento, ésa es la expresión. La sensación de bajar era evidente y mi capacidad de análisis siguió investigando. Mi reacción física estaba íntimamente ligada con mi proceso mental. Me di cuenta que cuando tengo fe y esperanza en ese movimiento sincero del interior, es cuando se abren misteriosas capacidades que me arrastran a vivir de cerca conscientemente la profunda realidad de mi SER, ese desconocido que habita en mí del que hablan todas las religiones. Estoy realmente sorprendido y

> «Sólo sé que no se nada», dijo Sócrates al ver la inmensidad de todo cuanto le rodeaba. Sólo los hombres que se disparan como el rayo para saciar su apetito voraz de conocimiento, saben que es imposible que un simple cerebro entienda algo del absoluto.

cada vez más seguro de la verdad de la esencia íntima y profunda del SER HUMANO. Los budistas la llaman Rigpa, los cristianos el alma... Cada vez estoy más convencido de la diferencia entre mi mente ordinaria, bulliciosa, indisciplinada, incrédula, intranquila y la otra parte que es sosiego, orden, disciplina, paz profunda y silencio.

No paraba de llorar, era una fuente continua de lágrimas y sentí que era el momento de pedir, primero, conocimiento, necesitaba conocer, leer todo lo que me abriera las puertas del conocimiento profundo de mí mismo, física y mentalmente; después, mi transformación profunda para amar y vivir la vida desde la emoción más grande. Amar es la solución a todos mis problemas de vacío. Amar sin límites. Mis imágenes mentales se fueron a MI MUJER, MI HIJA SUSANA, MI HIJO IVÁN, MIS PADRES (Satur y Encarna), MIS HERMANOS y HERMANAS, MIS SOBRINOS, A TODA LA FAMILIA y AL MUNDO ENTERO, que me permitiera ayudarle con mi experiencia, para ser de otra forma, más humano y justo. Fue una sensación maravillosa y alcanzaba un estado profundo de paz y gozo indescifrable. Era como arrebatado de mi mundo superficial, razonado, materialista y me sentía alegre y feliz. Mis lágrimas seguían brotando sin parar. Sin querer llorar, se habían abierto dos manantiales espontáneos, profundos y sinceros que me hacían mucho bien. Salí de mi meditación abriendo los ojos y dejando que lentamente las formas, la luz y los colores penetraran en mí. Después suelo abrir espontáneamente y sin elegir el texto el primer libro que me viene a la mente, pero esta vez tenía delante de mí a

Don Juan Tenorio, de José Zorrilla. Y me salió la escena primera del acto tercero cuando la abadesa se dirige a doña Inés diciéndole:

> *«Sois joven, cándida y buena;*
> *vivido en el claustro habéis*
> *casi desde que nacisteis,*
> *y para quedar en él*
> *atada con santos votos*
> *para siempre, ni aun tenéis*
> *como otras pruebas difíciles*
> *ni penitencias que hacer.*
> *¡Dichosa mil veces vos!*
> *Dichosa, sí, doña Inés,*
> *que no conociendo el mundo*
> *no le debéis de temer.*
> *¡Dichosa vos, que en el claustro,*
> *al pisar en el dintel,*
> *no os volveréis a mirar*
> *lo que tras vos dejaréis!*
> *Y los mundanos recuerdos*
> *del bullicio y el placer*
> *no os turbarán tentadores*
> *del ara santa a los pies;*
> *pues ignorando lo que hay*
> *tras esa santa pared,*
> *lo que tras ella se queda*
> *jamás apeteceréis.*
> *Mansa paloma enseñada*
> *en las palmas a comer*
> *del dueño que la ha criado*
> *en doméstico vergel,*

no habiendo salido nunca
de la protectora red,
no ansiaréis nunca las alas
por el espacio tender.
Lirio gentil, cuyo tallo
mecieron sólo tal vez
las embalsamadas brisas
del más florecido mes,
aquí a los besos del aura
vuestro cáliz abriréis,
y aquí vendrán vuestras hojas
tranquilamente a caer.
Y en el pedazo de tierra
que abarca nuestra estrechez,
y en el pedazo de cielo
que por las rejas se ve,
vos no veréis más que un lecho
do en dulce sueño yacer,
y un velo azul suspendido
a las puertas del Edén.
¡Ay! En verdad que os envidio
venturosa doña Inés,
con vuestra inocente vida,
la virtud del no saber.
Mas ¿por qué estáis cabizbaja?
¿Por qué no me respondéis
como otras veces, alegre...?»

Mientras leía sentía que el mensaje penetraba y lo entendía. La abadesa estaba hablando del SER profundo e inocente del ser humano, que no se ha contaminado de las emociones negativas y de la mentira intere-

sada del mundo de los seres humanos. El alma de
doña Inés estaba llena de paz y alegría, el bien supremo
de la vida. Detrás de los muros del claustro, en el mun-
danal ruido, estaba el paraíso perdido por la continua
trampa y las miserias humanas. La abadesa la admira-
ba profundamente como se admira a los niños. El SER
del niño es adorado por todo el mundo por su ingenuidad y su autenticidad, es como el de doña Inés, virgen,
no adulterado por las mezquindades humanas, pero
parece ser que el mundo está ahí para probar la forta-
leza y la seguridad de las mentes que saben que el SER
AUTÉNTICO es lo único que merece la pena en este
mundo, y una vez fortalecido con el fuego abrasador de
la ignorancia interesada, sobreviene la conciencia de la
verdad, auténtico paradigma para salvar al mundo de
su locura. Los niños y niñas son víctimas del mundo
sucio y mezquino y de una educación deficiente, y al
final se convierten en mediocres adultos
alienados, firmes defensores de sus intereses egoístas,
educados para servir al inconsciente sistema socioeconómico.

Después, espontáneamente, abrí el libro *Donde el
corazón te lleve*, de Susanna Tamaro, y cuál fue mi
sorpresa:

«... *El décimo día de mi estancia envié a Augus-
to una postal: aire excelente, cocina mediocre. Confiemos, había escrito, despidiéndome con un abrazo
afectuoso. La noche anterior la había pasado con
Ernesto.*

*Durante esa noche repentinamente me había
dado cuenta de una cosa, y era que entre nuestra*

alma y nuestro cuerpo hay muchas pequeñas venta-
nas y a través de éstas, si están abiertas, pasan las
emociones, si están entornadas se cuelan apenas;
tan sólo el amor puede abrirlas de par en par a
todas y de golpe, como una ráfaga de viento.»

Ciertamente era una descripción exacta de lo que
me había sucedido en mi meditación. Mis capacidades
mentales y cerebrales las cierro con mi escepticismo y
mi complejidad mental, pero un leve giro auténtico,
desinteresado..., un percibir y apreciar el movimiento
continuo de paz y silencio que quiere invadirme. Tener
fe en ese algo que percibo como cierto y verdadero.
Sentir compasión por no creer en ese algo que intenta
unificarme en la paz y en el equilibrio..., todo esto y
mi continua cabezonería por encontrar mi tesoro interior hicieron que se abrieran las ventanas de mi alma,
y me sentí bajar a las profundidades de mi ser, donde
el silencio y la paz no son interrumpidas por mi complejidad ordinaria. Allí ya no me estorbaba nada y lloraba de alegría y felicidad. Sentí venir a este mundo a
sufrir, como algo insoportable. Vi la enfermedad y la
muerte como algo cruel pero necesario, de otra forma
seríamos monstruosas vanidades, más destructivas e
ingratas.

Esta experiencia vivida me recuerda lo que decía
Sonygal Rimpoché:

«¿Cómo es que resulta tan difícil concebir
siquiera la profundidad y la gloria de la naturaleza
de la mente? ¿Por qué a tantas personas les parece
una idea tan improbable y descabellada?

Las enseñanzas hablan de cuatro defectos que nos impiden comprender la naturaleza en ese mismo instante:

—La naturaleza de la mente está demasiado próxima para que la reconozcamos. Así como no podemos ver nuestra propia cara, a la mente le resulta difícil contemplar su propia naturaleza.

—Es demasiado profunda para que podamos sondearla. No tenemos ni idea de lo profunda que puede ser; si la tuviéramos, ya la habríamos penetrado, al menos en cierta medida.

—Es demasiado fácil para que podamos creer en ella. En realidad, lo único que hemos de hacer es sencillamente descansar en la conciencia desnuda y pura de la naturaleza de la mente, que siempre está presente.

—Es demasiado maravillosa para que podamos contenerla. Su misma inmensidad es demasiado vasta para nuestra estrecha manera de pensar. No resulta imposible creer en ella. Y tampoco podemos concebir que la iluminación sea la auténtica naturaleza de nuestra mente.

Si este análisis de los cuatro defectos era cierto en una civilización como la del Tíbet, dedicada casi por completo a la búsqueda de la iluminación, cuánto más precisa y dolorosamente cierto debe ser en la civilización moderna, dedicada en gran medida al culto de lo engañoso. No se dispone de una información general sobre la naturaleza de la mente. Los escritores e intelectuales apenas se refieren a ella;

los filósofos modernos no hablan directamente de ella; la mayoría de los científicos niega la posibilidad de su existencia. No desempeña ningún papel en la cultura popular: no hay canciones acerca de ella, no se menciona en las obras de teatro ni en la televisión. De hecho, se nos educa en la creencia de que sólo es real aquello que podemos percibir con los sentidos ordinarios.

Pese a este rechazo general y casi absoluto de su existencia, a veces aún tenemos vislumbres pasajeros de la naturaleza de la mente, quizá inspirados por alguna composición musical que nos induce a la exaltación, por la serena felicidad que a veces experimentamos en la naturaleza o por la situación más ordinaria de la vida cotidiana. Pueden presentarse mientras vemos caer lentamente los copos de nieve o elevarse el sol sobre la cima de una montaña, o al contemplar un rayo de sol que cae en una habitación de una forma misteriosamente emotiva. Estos momentos de iluminación, paz y serenidad nos ocurren a todos y se nos quedan grabados de un modo extraño.

Creo que a veces medio entendemos esos vislumbres, pero la cultura moderna no nos proporciona ningún contexto ni marco de referencia en el que podamos comprenderlos. Peor aún: en lugar de estimularnos a explorarlos más a fondo y a descubrir de dónde proceden, se nos dice de diversas maneras, tanto evidentes como sutiles, que no le hagamos caso. Sabemos que nadie nos tomará en serio si pretendemos hablar de ellos, de modo que relegamos al olvido las que en verdad podrían ser las experiencias

más reveladoras de nuestra vida si supiéramos com-
prenderlas. Éste es quizá el aspecto más oscuro e
inquietante de la civilización moderna: **la ignorancia**
y la represión de quiénes somos en realidad.»

No sé qué pensarán los psicólogos y los psiquiatras
de mi experiencia, pero creo que rápidamente sacarían
sus propias conclusiones y quizá su diagnóstico sería:
«ESTÁ LOCO DE REMATE.» También tacharían de
dementes a Jesús, a Buda, a Mahoma, a Patanjalí..., les
buscarían las vueltas para saber las causas de sus anó-
malos comportamientos. Esta época es así: ruin, estúpida e ignorante.

Soy muy respetuoso con los descubrimientos científicos de Sigmund Freud, pero no soy partidario del
bombo que se le ha dado al psicoanálisis y a las conclusiones que los malos profesionales sacan de las
conductas humanas. Ciertamente los profesionales de
hoy día que rechazan la sabiduría de miles de años son
víctimas de su propia ignorancia y de su infecta tendencia mercantil razonada.

Tanto Susanna Tamaro, como yo, somos conscientes de la mediocridad de los psicólogos y psiquiatras.
(Respeto a los buenos profesionales.)

«... Te impresionó mucho esa reacción mía tan
extremada. En el fondo, al proponerme lo del psi-
coanalista creías estar proponiéndome un mal
menor. Aunque no protestaste, me imagino que
pensarías que era demasiado vieja para entender
esas cosas, o que estaba demasiado poco informa-
da. Te equivocas. Yo ya había oído hablar de Freud

cuando era niña. Uno de los hermanos de mi padre era médico y, habiendo estudiado en Viena, muy pronto entró en contacto con sus teorías. Las abrazó con entusiasmo, y cada vez que venía a casa a comer trataba de convencer a mis padres de su eficacia. "Nunca me harás creer que si sueño que como espaguetis es porque tengo miedo a la muerte —tronaba mi madre—. Si sueño con espaguetis quiere decir sólo una cosa: que tengo hambre." De nada valían los intentos de mi tío, que trataba de explicarle que esa tozudez suya dependía de una inhibición, que su terror ante la muerte era inequívoco, porque los espaguetis no eran otra cosa que gusanos, y en gusanos nos convertiríamos todos algún día. ¿Sabes qué hacía entonces mi madre? Tras un instante de silencio, espetaba con su voz de soprano:

"Entonces, ¿y si sueño con macarrones?"»

Susanna Tamaro

Necesitamos pensadores, santos...

No me hartaré de decir que necesitamos hombres y mujeres de interior profundo y auténtico. Necesitamos pensadores, místicos, ascetas, ermitaños, yoguis, monjes, santos y santas..., investigadores del interior profundo, hombres y mujeres en quien confiar, porque el mundo es ya un gran comercio al que sólo le interesa ganar dinero, despreciando otras formas de vida.

Nunca se me olvidará la expresión de uno de mis socios, cuando en 1981 jugaba a ser empresario, convencido de ganar mucho dinero. Me preocupaba por nuestros doce empleados que montaban un limitador de corriente para Telefónica. Me salió mi humanidad hacia ellos y rápidamente me cortaron diciéndome:

—Mariano, por favor, que «no somos monjitas de la caridad» —me dijo el flamante y orgulloso ingeniero de telecomunicaciones.

—¡Ojalá fuéramos monjitas de la caridad, por lo menos estaríamos aportando algo al mundo! —le respondí. Pero no me entendió, no creyó que le hablara en serio. Yo por entonces no era consciente del todo de la monstruosa realidad de los seres humanos. Era un ingenuo, a mis socios lo único que les importaba era el dinero; a mí también, pero en mi fondo siempre vibraba la repulsa a la forma inhumana de vivir sólo para ganar, olvidándose de todo lo demás.

Otro de los socios, director comercial de una imprenta, me quería convencer de otra forma.

—El amor y la amistad en casa. No te engañes. En la calle, en las empresas no hay amor ni amistad, sólo hay intereses egoístas y dinero. No pierdas tu tiempo tontamente.

O sea, según él todo era un desierto. Estas afirmaciones conmovían y distorsionaban mi ingenua mentalidad. Lo peor de todo es que era verdad. A lo largo de los años fui comprobando la fiereza y el desatino del egoísmo humano más radical. ¡Qué dolor más grande sentía! Me invadía la tristeza y me preguntaba si de verdad todo era así. Ciertamente ésa era la monstruosa realidad. Cuando me di cuenta del mundo despreciable que me rodeaba, mi depresión de toda la vida se acentuó y perdí las ganas de vivir, me fui lentamente deshumanizando sin darme cuenta. ¡No merecía la pena vivir! A mi complejo mundo interior se unió el mundo exterior y no tuve más remedio que plantarle cara a las dos terribles situaciones. No podía perder mi querido y amado norte. Tenía que analizar y ver con mis propios ojos que todo lo que a simple vista percibía era sólo una situación creada por la mente distorsionada y superficial de los seres humanos. Ciertamente después de muchos análisis encontré la clave de la deshumanización y la necesidad de escribir para aportar un pequeño dato más al convencimiento de que la realidad se puede cambiar. Tiene que cambiar. Este libro y otros muchos que saldrán a la luz espero alumbren y ayuden a todos los ingenuos e idealistas que como yo sólo queremos un mundo más justo y humano, donde reine la paz y gobierne la sabiduría. Ya sé que es difícil convencerse de que es posible otro mundo, a mí me cuesta horrores creerlo, pero tenemos que hacer un esfuerzo diario por convencernos de que así, con este desmadre, no vamos a ningún sitio. ¿Os creéis que este libro me convence? Me aburre muchas veces escribir y protestar siempre por lo mismo, pero es que es necesario y vital no estar de acuerdo con esta pasada de vida decadente, que inevitablemente nos está llevando a todos o a una transformación o al desastre y la desaparición de la humanidad. Si te digo la verdad, no sé por qué, pero hay una fuerza en mí que me impulsa a hablar, es como si se manifestara un misterio de inquietud infinita por hacer que exploten las conciencias para que vean la auténtica realidad. La otra realidad más emotiva, noble y humana, es la única que derrotará a toda la maldad del mundo, porque el aumento de nuestra capacidad y nuestra fe en otras posibilidades, irán debilitando el odioso estado insensible y violento en el que estamos envueltos. ¡Qué difícil me resulta convencerme y creer que es posible, tanto como creer en Dios o en el misterio que encierra la vida! Yo soy un incrédulo, amigo, amiga mía, un maldito ser que lo racionaliza todo, que tiene que hacer verdaderos esfuerzos para disolver todos los pensamientos que me convencen de que no hay nada. Pero me empeño en seguir meditando, profundizando y buscando respuestas en los libros y en todo lo que me rodea. Soy un maldito cabezón que duda y quiere ver el profundo milagro de la existencia y la vida, que detrás de todo vibra una verdad que no somos capaces de entender y que nos llena.

Ser supremo

Fijaros: El 27 de febrero de 1998, me levanté como los todos días, preocupado y triste y además un poco agobiado porque tenía que entregar este libro, unas portadas y cuarenta y tantos dibujos para unos libros de cocina, que Ediciones Jaguar iba a lanzar al mercado. Yo soy un individuo que duda continuamente de su capacidad. Soy un inseguro porque continuamente y desde mi tierna infancia se meten en mi cabeza pensamientos negativos que me hunden y me arrastran hacia la negatividad. Mi lucha de toda la vida ha sido descubrir el porqué de mis fantasmas negativos y la incapacidad que ellos me producen. Con la meditación los he descubierto y los percibo. Son tan sutiles que nunca logré verlos con claridad. Pasan por la mente dejando inseguridad y miedo e incapacidad. Se instalan y aumentan la negatividad en nuestra inconsciencia, ahí no podemos verlos ni saber qué son ni el porqué de sus tendencias dañinas. Tenía que sacarlos a la luz y cazarlos ¡Qué difícil fue ver algo que aparentemente no es importante, pero que va minando, como un virus, la salud mental! Y lo conseguí. El descubrimiento mental más importante de mi vida ha sido éste: ver lo invisible, todo aquello que nos dirige como un robot desde la sombra. El 27 de febrero, sé por qué me levanté preocupado e incapacitado incluso para terminar este libro. A las 8 de la mañana empecé a meditar lleno a rebosar de preocupaciones y de incredulidad. Pasaron tres cuartos de hora y durante este espacio de tiempo, como siempre, fui viendo el constante burbujear de mi mente inquieta y preocupada, incapacitada por una retahíla de pensamientos y sensaciones que fui identificando. Desde luego si he llegado a estas alturas de mi vida cuerdo, ha sido por un milagro, porque tengo una mente de locura. A las 8,30 todavía no había conseguido despegarme de la masa ingente de pensamientos y razonamientos negativos, todos cargados con evidente negatividad. Quería disolver todo y dejarme llevar por la dulce sensación de la paz y el silencio. Ya no me importaba nada creer o no creer, sólo necesitaba observar y no inmiscuirme en algo que consideraba ajeno a mí, aunque estaba en mí. Separándome del alboroto necesitaba un impulso de creer en ese dulce movimiento inspirador que trata continuamente de llevarme hacia él. Necesitaba destruir mi arraigada incredulidad de no creer incluso en lo que siento, tan extraordinario y maravilloso. Eran las 8,45 y todavía no había alcanzado un estado de conciencia bueno de silencio, paz y alegría, y pensé que con tanto tiempo como llevaba meditando tendría ya suficiente dominio para concentrar mi mente y pasar a ese estado donde nada te molesta y es un continuo fluir de energía positiva. Tenía que creer en ese algo que trata de arrebatarme hacia la paz y el silencio, y por culpa de mi resistencia racional, mi falta de fe y mis preocupaciones no le dejo realizarse. Me concentré en la respiración. Espirar e inspirar. Mi atención continuamente centrada en el subir y bajar del aire, y así conseguí desprenderme de esa parte de mí que me retiene y dispersa. Fue como siempre extraordinario, no sabéis lo que se siente cuando se domina la complejidad de la mente y se la lleva al reposo del silencio. Es cierto que en nosotros hay un movimiento continuo de energía que trata de equilibrarnos y no la dejamos actuar. Fueron quince minutos sorprendentes. Me sentía lleno, dulcemente relajado y con unas energías positivas enormes. Lejos de todos los pensamientos y sensaciones sutiles negativas. Dueño de mí mismo. En un momento quise entender por qué no se prolongaba este estado durante todo el día, porque si conseguía estar así fuera de la hora o dos horas que medito, sería extraordinario. Y como siempre una pregunta sin respuesta pero... no tanto. Terminé de meditar y me propuse seguir en ese estado. Abrí los ojos y dejé que entraran la luz y las formas dentro de mí. Seguidamente busqué la respuesta en el libro de meditación de Sri Chinmoy, abriendolo espontáneamente, y fijaros qué sorpresa me llevé:

Pregunta:

¿Cómo puedo cubrir el espacio vacío que siento entre mi vida en meditación que está llena de paz y alegría y mi vida en el trabajo, que está dispersa y llena de preocupaciones e incredulidad? (Ésta es la pregunta que le hacen en el libro a Sri Chinmoy y era también mi pregunta.)

Respuesta:

«*La vida espiritual no significa que vas a estar siempre sentado en meditación con los ojos cerrados. Cuando hagas algo en el mundo externo, si puedes sentir que lo estás haciendo para Dios, entonces todo lo que hagas será parte de tu vida espiritual. De otro modo, cuando estés meditando en tu cuarto, sentirás que estás haciendo lo correcto y el resto del tiempo te sentirás miserable. El trabajo dedicado es también una forma de meditación. Por la mañana el Supremo quiere que entres en tu conciencia más elevada, que le ofrezcas tu amor y tu devoción y que recibas Su paz, luz y bendiciones. Quiere que luego vayas a la oficina y hagas tu labor dedicada. En ambos casos, si puedes sentir que estás haciendo algo, porque has recibido el mensaje desde tu interior, entonces tendrás la mayor alegría. Tú no eres el actor; sólo eres un instrumento dedicado sirviendo a una realidad superior. Si puedes sentir esto, tendrás alegría, hagas lo que hagas. Incluso si estás haciendo algo mecánico, algo intelectual o algo que no es inspirador en absoluto, tendrás una gran alegría porque estás sirviendo a una causa superior. Tienes que saber que puedes sentir la presencia de Dios en cualquier cosa que hagas. Si puedes estar consciente de Dios mientras haces algo —ya sea limpiando, cocinando o trabajando— entonces sentirás que Dios ha entrado en lo que estás haciendo. Si puedes sentir la presencia de Dios en tu actividad, entonces en lo que estés haciendo está Dios y es para Dios. Si puedes mantener la conciencia elevada y la paz mental mientras trabajas, tú trabajo mismo es una verdadera forma de meditación.»*

Seguidamente había otra pregunta que me hago continuamente. Yo sé desde hace mucho tiempo que soy tan insignificante, que por mí mismo no conseguiría nada, y me pongo en las manos del misterio para que él me use de instrumento para hacer el bien. Esta idea, como otras, a veces me parece normal y otras una estupidez, pero como estoy lleno a rebosar de pensamientos razonables y lógicos pues me llevo la contraria para fastidiar a mi razón materialista. ¿Por qué no podemos ser instrumentos del misterio para la evolución de la humanidad?

Pregunta:

Cuando la gente trata de ayudar a la humanidad, ¿no es acaso parcialmente debido al ego?

Respuesta:

«Para una persona ordinaria, que no está aspirando conscientemente, el tratar de ayudar a la humanidad es un ideal positivo y progresivo, aunque esté inspirado parcialmente por el ego. Pero aquellos que están aspirando conscientemente para llegar a Dios tienen una meta diferente. Su meta no es ayudar, sino servir a la humanidad, a la manera de Dios.

Como aspirantes espirituales, tenemos que saber por qué estamos haciendo algo. ¿Hemos sido inspirados por Dios? ¿Hemos sido delegados por Dios? Si nuestras acciones no han sido inspiradas por Dios, si no estamos haciendo la voluntad de Dios, entonces el servicio que estamos ofreciendo a la humanidad estará lleno de oscuridad e imperfecciones. Si tratamos de ayudar a la humanidad a nuestra propia manera, podemos pensar que estamos sirviendo a Dios, pero en realidad simplemente estaremos agrandando nuestro ego. Este tipo de dedicación no es dedicación en absoluto para un verdadero aspirante espiritual.»

Yo hace mucho tiempo que perdí la fe en Dios, no creo en Dios. Aunque la verdad es que maté la idea del Dios que metieron en mi cabeza desde la infancia. Ese Dios no existe para mí. ¡Qué incrédulo soy, amigos que me estáis leyendo! Dios me suena a algo imposible. Es imposible que exista Dios. Cuando leo u oigo hablar a la gente de Dios, siento una gran repulsa. Me he acostumbrado a no creer en nada que no toque y sienta, e incluso, sintiendo así, pienso que son reacciones biológicas y nada más. Pienso así y de otra forma. Creo en el misterio y eso es muy serio. Desde luego dentro de nosotros se mueve algo que se siente y nos impulsa a SER. Cuando eres consciente del arco iris de emociones, de la complejidad mental que llevamos dentro y sobre todo del límite que ponemos con nuestros convincentes razonamientos, es cuando me doy cuenta que existe el más allá interior, continentes mentales sin descubrir. Sobre todo si se siente lo que yo siento en mis meditaciones, esa energía concentrada (no tengo palabras para expresarla) que se mueve silenciosa y en paz, que te envuelve dulcemente y te hace vivir el presente con intensidad. Cuando se siente que ese estado no es posible cuando te invade la ira, la soberbia, el odio, la envidia..., que sólo es posible cuando no interfieren los pensamientos, las preocupaciones ni las emociones, entonces me surgen muchas preguntas y siempre obtengo respuestas como las que da un creyente profundo y santo como Sri Chinmoy. Entonces se abre un estado de esperanza y de fe, en creer más allá de nuestras narices, en la profunda verdad que desconocemos. Con necesidad quiero colaborar para que cambie la humanidad. Mi ego se que está presente pero no merece la pena. Mis necesidades económicas son un hecho, pero no merecen la pena. Yo voy a morir pronto. ¿Cuánto duraré? ¿Un minuto, un año, diez años, veinte, treinta años...? Los que sean, poco tiempo para todo lo que hay que hacer en el mundo. Mi mayor frustración ha sido no haber despertado antes. No haber nacido con más capacidad cerebral para ocupar algún lugar de influencia, con el objetivo único de alzar la voz de mi SER para denunciar las injusticias. Mis circunstancias han sido éstas y doy gracias por estar escribiendo este libro como desahogo, porque por dentro me quema la verdad y me duele la mentira y la hipocresía del mundo. ¡Qué importa creer o no creer en Dios! Lo importante es movilizar nuestras energías nobles de autenticidad y verdad para que explote el mundo de una vez y derrame lágrimas de arrepentimiento por todo lo que hemos hecho de mal. Que nuestras voces se oigan al unísono para romper las barreras de los necios comportamientos y empecemos todos a desarrollar la capacidad mental necesaria para que la vida sea de otra manera. Qué importan los egos, destruyamos nuestros estúpidos intereses protagonistas y entremos en el convencimiento del SER HUMANO MUNDIAL. Un solo SER lleno de vida y de ilusión consciente de su tarea y libre de ideologías violentas, dañinas e irracionales. Qué alegría sentí cuando millones de personas respondimos a la violencia de ETA. Era una sola voz y un solo espíritu en contra de la violencia y la irracionalidad desatada. El espíritu de ERMUA es el SER AUTÉNTICO que se manifiesta en todos cuando la maldad criminal y ciega trata de someternos. Aquel sábado 12 de julio de 1997 y los días siguientes se manifestaron con fuerza nuestros convencimientos nobles. Miguel Ángel Blanco Garrido, concejal de Ermua, Vizcaya, había sido asesinado. Tenía veintinueve años y lo mataron en la flor de la vida. Después siguieron asesinando. Han caído ya muchos inocentes y el SER NOBLE DE ESPAÑA ¿ha vuelto a decaer? ¿Qué está pasando de nuevo? ¿Ya no nos sentimos con suficiente fuerza para protestar? Y nuestros políticos enredados en discusiones y de nuevo los egoísmos afloran y disgregan. Lo que pasa en nuestro país pasa en el mundo entero, nos desorientan, nos despistan otras intenciones que no son del todo nobles. Cuando nos descuidamos volvemos continuamente al SER HUMANO «LIGHT» cómodo y estúpido. ¿Qué pasaría si un día a la semana nos uniéramos todos los SERES del mundo para manifestar, con una sola voz, nuestro desacuerdo? Con una voz que diga:

¿Dónde están vuestros sentimientos?

¡Cuántas preguntas se podrían hacer para descubrir a los culpables de las injusticias mundiales!

¿Quiénes son los pobres, los vagabundos, los enfermos, los de otra raza, los parados?

¿Quiénes son los seres humanos inferiores?

¿Quién es un ser humano de primera?

¿Quién es un ser humano de tercera?

¿Quién se encargó a través de los siglos de ridiculizar a nuestros semejantes hasta tal punto?

¿Existe la esclavitud hoy día?

¿Quién produce tanto mal? ¿La falta de sentimientos nobles?

¿Las élites tienen buenos sentimientos? ¿La clase política y empresarial tienen buenos sentimientos hacia los más desgraciados?

¿Quién se encarga de hacerlos más desgraciados en su propia desgracia?

¿Por qué se nos llama ciudadanos de tercera?

¿Los elitismos van a salvarnos de nuestras desgracias?

¿Quizá los bancos, los políticos, el gran capital nos echará una mano?

¿Tiene buenos sentimientos la gente acomodada? ¿Tienen algún otro tipo de interés que no sea sólo ganar dinero?

¿Quién inventó este sistema tan deshumanizado, que está arrasando la faz natural y humana de la tierra?

¿Quién inventó la gran mentira de la sociedad de consumo?

¿Quién inventó la sociedad del malestar?

¿Quién inventó este callejón sin salida donde todos estamos atrapados?

¿Estamos cada día más enfermos mentalmente?

¿Quién se ríe de nosotros, los pobres del mundo?

¿Quiénes son los culpables de nuestras desgracias?

¿Quiénes son ellos? ¿Dónde están sus sentimientos?

Las mentes mercantiles frías, calculadoras, insensibles, avanzan. Nosotros vamos a decirles mundialmente a una sola voz:

¿Dónde están vuestros sentimientos?

¿Qué os parece, SERES nobles del mundo, si todos los jueves a las seis de la tarde nos juntamos en la plaza de cada pueblo o ciudad para alzar nuestra voz con el único propósito de despertar la voz de la conciencia mundial? ¿Os imagináis lo que sería la voz cálida del mundo reunida durante una hora alzando su voz con una pregunta clave?

¿Dónde están vuestros sentimientos?

¿Es posible llevar a cabo esta sencilla idea a nivel mundial? ¿Es una tontería? Sería una nota discordante, atractiva, ingenua, idealista... que sorprendería al mundo entero. ¿Quién sería el primer grupo de seres humanos que inocentemente alzarían su voz no violenta para hacer esta pregunta?

Ésta es la última página de este libro; si has aguantado hasta el final, te doy las gracias, tú eres de los míos.

ÍNDICE

COLECCIÓN SUPERACIÓN PERSONAL